文春文庫

菅と安倍

官邸一強支配はなぜ崩壊したのか

柳沢高志

文藝春秋

菅と安倍　官邸一強支配はなぜ崩壊したのか

目次

はじめに……8

第1章 〝令和おじさん〟の誕生……22

2019年4月、新元号「令和」発表を契機に菅フィーバーが巻き起こる。官房長官として異例の訪米を成功させた菅は、7月の参院選で「新たな自民の顔」となり、自公圧勝の原動力となる。菅は完全に有封《うけ》に入っていた――。

第2章 辞任ドミノの衝撃……53

2019年後半、菅側近の新閣僚が「政治とカネ」をめぐる疑惑で相次いで辞任し、総理主催の「桜を見る会」問題を追及するマスコミの矛先《ほこさき》は安倍から菅に向かい始めた。そして、菅の懐刀《ふところがたな》の補佐官にも女性スキャンダルが発覚する――。

第3章 安倍総理との亀裂……79

2020年に入ると、コロナ対応をめぐり安倍側近の官邸官僚が重用され始め、菅は安倍への不信感を強めていく。菅は官房長官退任も視野に入れ始めるが、官邸官僚の施策がことごとく失敗し、菅は再び官邸内で存在感を取り戻す――。

第4章 第99代総理大臣……125
2020年9月、安倍の電撃辞任を受けて菅は念願の総理に就任する。地方議員出身の〝たたき上げ〟総理の誕生は世論に歓迎されて好スタートを切るが、学術会議問題、GoToトラベルの迷走などで支持率はジリジリと下がっていった——。

第5章 コロナとの苦闘……188
2021年前半、度重なる感染拡大で緊急事態宣言の発出、延長を繰り返した「後手後手」の対応は大きな批判に晒《さら》された。「人流」の抑制を重視する分科会の専門家たちと菅の認識のズレが露見する中、菅はワクチン接種に望みをつなげる——。

第6章 なぜ総理の言葉は届かなかったのか……233
記者の質問に真正面から答えない、政策決定の過程を詳しく説明しない、同じ答弁を繰り返す。〝鉄壁のガースー〟と称された官房長官時代のスタイルを貫いたことが災いし、菅は「指導力のない総理」というレッテルを貼られていく——。

第7章　苛烈な〝菅おろし〟……260
7月の都議選で惨敗し、緊急事態宣言下で開催された五輪中も感染拡大は収まらなかった。菅が描いていた「8月人事、9月解散」という極秘日程は幻となり、自民党内では総裁選をにらんだ動きが活発化し、〝菅おろし〟の風が吹き始めた――。

第8章　最後の10日間……283
横浜市長選敗北の翌日、衆院選で自民の議席激減を予測する調査結果が判明。党内に動揺が走る中、岸田は「二階切り」という乾坤一擲《けんこんいってき》の勝負に出る。焦った菅は総裁選前の人事と解散を模索するが、安倍・麻生によってすでに外堀は埋められていた――。

終わりに……310

菅と安倍、岸田と石破――その後の官邸……319

本作は単行本『孤独の宰相　菅義偉とは何者だったのか』（二〇二一年十二月、文藝春秋刊）に加筆・修正し、文庫化にあたって改題したものです。

ＤＴＰ制作　ＬＵＳＨ

菅と安倍

官邸一強支配はなぜ崩壊したのか

はじめに

2021年9月3日、自民党本部で開かれた臨時役員会で、菅義偉《すがよしひで》総理大臣は総裁選出馬を断念する考えを表明した。総理就任からわずか1年での突然の退陣劇に、日本中に衝撃が走った。その夜、菅は、力なくつぶやいた。

「もう、戦う気力がなくなってしまった」

前日まで再選に向けて奔走《ほんそう》してきた政界一の喧嘩屋の心は、ぽっきりと折れていた。何が菅をここまで追い込んだのか。

この4日前、私は菅から呼び出され、ある場所でひそかに面会していた。部屋に入ってきた菅は、少しだけ右手を挙げると、上機嫌で笑顔を見せた。

「日経新聞の調査は良かったよね。岸田（文雄《ふみお》）さんは、いま、テレビに出ているから支持率が上がったけど、これ以上、急激に上がることはないということだよね」

この日、公表された日本経済新聞の世論調査。「次の自民党総裁にふさわしい人」という質問で、岸田前政調会長は前月から9ポイント上げて13％となり、11％の菅を上回った。しかし、菅を喜ばせたのは、自民党支持層に限れば、菅は20％となり、全候補で1位に躍り出たことだった。

「ただ、二階（俊博《としひろ》）幹事長が反応すればするほど、岸田さんへの応援が増えていきますよ」

この日も二階は、自らを幹事長から外すことを宣言した岸田について「失敬だ」などとメディアの前で悪役ぶりを発揮し、世論の反感を買っていた。菅がニヤッと相好を崩す。

「それがなくなったら、岸田さんの人気はなくなるか？」

「でも、なかなか二階さんを替えるのは簡単じゃないですよね」

お前は分かっていないとばかりに、首を横に振る。

「二階さんというのは、なかなか大人だよ。分かっているよ。それが分からない人は、ここまで上り詰めて来られないよ」

この面会の前に、菅が二階から「自分には遠慮せず、人事をやっていい」という言質《げんち》を得ていたことを、このときの私は知る由《よし》もなかった。

「確かにそうですね。岸田さんが総裁選で勝ったら、二階さんは無役になってしまいますからね」

そう言い終わるやいなや、菅が口調を強める。

「岸田が勝つことは、ねえだろ！」

総裁選での勝利に自信をみなぎらせていた菅だったが、翌日、状況は一変する。深夜、毎日新聞がネット上に「菅総理は9月中旬に衆院解散の意向。総裁選は衆院選後に先送りへ」との記事を掲載すると、自民党内はパニック状態に陥る。「無理心中解散だ」、「総理は自分の個利個略のために、多くの議員を犠牲にしようとしている」、「菅を引きずり下ろせ」などと、議員たちは怒りのマグマを噴出させた。そして翌朝、菅は総理の権力の源泉である解散権を自ら封じることを余儀なくされた。〝菅おろし〟はさらに加速する。菅が起死回生の策として目論んでいた、自民党役員人事すらも不可能な状況に追い込まれていったのだ。

菅は、総裁選不出馬を決めた夜、こんな本音を漏らした。

「1人では、どうにもならなかった。派閥もないからね」

無派閥議員として初めて頂点にのし上がり、たたき上げの平民宰相として、国民の熱烈な支持を得て誕生した政権の、あまりに悲しい末路だった。その断末魔の苦しみは、壮絶で、孤独だった。菅には、日本のためにもっと総理大臣としてやりたいことがあった。そして、菅には、この国を導く自信も覚悟もあった。

〝指導力がない〟総理

首相に就任してからの1年間、菅は持ち前の実行力と決断力を発揮してきた。コロナ収束に向けた切り札と位置づけたワクチン接種は、当初の予想を超える一日150万回ペースで進み、「一日100万回接種」、「高齢者への接種を7月末までに完了」という政治生命を懸けた目標は、見事に達成した。

1年前の総裁選で公約に掲げたデジタル庁は約束通りに発足させたし、不妊治療への保険適用も2022年度からの開始を決めた。就任後初の所信表明演説で明らかにした、2050年までに温室効果ガスの排出実質ゼロを目指すカーボンニュートラル宣言も、菅がトップダウンで決めた。さらに、2020年12月に、公立小学校で全学年35人学級を実現するという40年ぶりの見直しが行われたのも、反対する財務省を押し切っての菅の政治決断だった。携帯料金の引き下げも、「民間企業への介入」との批判を浴びながら、菅の強い圧力で遂に実現させた。これにより、家計全体の携帯料金の負担が年間4300億円減ることになった。

有権者が喜ぶような政策ばかりではない。後期高齢者の医療費窓口負担の引き上げをめぐっては、与党内から「選挙に悪影響を与える」と強い反対が沸き起こった。しかし、「現役世代の負担を軽減させたい」という菅のこだわりから反対をはねのけ、一定の収入がある高齢者に対して、現行の1割負担から2割負担への引き上げに踏み切った。また、長年、先送りが続いてきた福島第一原子力発電所の処理水の海洋放出も、「支持率を下げる」と消極論が根強かったものの、菅が「自分がやるしかない」と決断した。

こうした「決める政治」こそが、官房長官時代からの菅の真骨頂であり、菅には、この1年間、総裁選で約束した「縦割り行政・既得権益の打破」を着実に実行してきたという自負があった。

しかし、こうした成果が、国民から称賛されることはなかった。それどころか、国民は、菅を「指導力がなく、政策も評価できない」と断罪し続けたのだ。

なぜ、こうした乖離《かいり》が生まれてしまったのか。歴代総理の中で、菅ほど、その実像が国民に伝わらなかった宰相はいなかったかもしれない。「秋田出身の苦労人」、「パンケーキ好きの令和おじさん」という就任当初の好意的なイメージは、次第に「冷酷で不誠実な権力者」、「国民にだけ無理を強《し》いる無能な楽観主義者」へと上書きされていく。特に、コロナ禍という国難において、国民は今にも爆発しそうな不安と不満を抱えながら、日々を過ごしていた。そうした中で、国民が何よりも必要としていたのは、信頼できる政治と、国民に寄り添い、不安を雲散霧消《うんさんむしよう》させるリーダーの血の通った言葉だった。そのどちらも与えることができない菅への不満は、次第に激しい怒りへと変わっていく。

ある自民党関係者は、「所詮《しよせん》、菅さんはナンバー2の人。そもそも棚ぼたで総理になったことが不幸だった」と訳知り顔で語った。しかし、私は、その言葉に頷《うなず》くことはできなかった。「こんなはずではなかった」という菅の悔しさを、痛いほど感じていたからだ。

一体、どこで何を誤ったのか。この6年あまり、担当記者として菅の息づかいまでを間近で感じながら取材を続けてきた私だからこそ、その真実を探し出せるのではないかと考えたのが、この本を執筆した理由の一つである。

菅との出会い

2015年5月末。アメリカ・ニューヨークのミッドタウンにある老舗《しにせ》ジャズバーは、黒人バンドの生演奏に酔いしれる客でごった返していた。特派員としてこの地に赴任してから3年あまり、残り少ないニューヨーク生活を惜しみながら、本場のジャズを楽しんでいると、スーツのポケットに入っていたiPhoneが振動する。東京の日本テレビ本社からの着信を確認すると、慌ててトイレに駆け込む。建て付けの悪い木製の扉の外から、サックスの大音量が漏れ聞こえる。喧噪《けんそう》の中、耳に押し当てた先から聞こえてきたのは、本社での異動先を告げる政治部長の声だった。

「帰国後は政治部で勤務してもらうが、担務として官房長官番をやってもらう」

官房長官番……。入社以来、報道一筋で歩んできたが、警視庁や神奈川県警を担当する事件畑が主で、政治取材の経験は皆無だった。席に戻り、特派員の後任として赴任してきたばかりの入社同期の同僚に尋ねてみる。

「官房長官番と言われたんだけど、官房長官って何をするのだろう？」

素人のような質問に、政治部出身の同僚は呆《あき》れ果てる。

「官房長官の仕事は政権の運営だよ。そんなことも知らずに政治部に行くのか」

こうして帰国翌日から、私の〝菅番〟生活がスタートした。まずは、初日、6月1日の午前中の官房長官会見。会見後は、各社の番記者が菅を追いかけ、会見場の外でオフレコ取材が発生するのが通例だった。番記者たちとの短いやりとりが終わり、エレベーターへ向かおうとする菅を呼び止め、名刺を突き出す。

「ニューヨーク支局におりました。お願いします」

菅は表情一つ変えずに、上着の内ポケットから名刺を取り出す。

「そんな国際的な人が、なんで私の番記者なのか」

それだけ言い残すと、さっさとエレベーターに乗り込んだ。決して無駄口は叩かない寡黙な政治家。噂通りの人物だった。

官邸記者クラブに所属する新聞・テレビ・通信十数社は、それぞれが官房長官担当の番記者を置く。通常は、政治部の与党担当や野党担当などを経験した後に就くポストであって、政治部のエース級が揃うとも言われている。まったくの政治素人の私が菅番記者になったのを聞いた先輩記者は、「お前は大変な人の担当になったたな」と憐れみの目を向けた。

　官房長官番の仕事は、文字通り朝から晩まで官房長官の動向を追うことだ。菅が何を考え、誰と会い、何をしようとしているのか。当時の菅はすでに〝最強の官房長官〟と称され、絶大な権力を握っていた。他の政治家を担当する同僚記者からは「この件は菅さんが決めているそうだ」、「これは〝菅案件〟だ」という取材メモが相次いで上がってくる。結局、あらゆる案件で、カギを握るのは菅の意向であり、番記者には常に重圧がかかりっぱなし。ところが、肝心の菅は、まさに記者泣かせの政治家だった。

　口癖は、秋田訛《なま》りの「知らねえ」。肝心なファクトを聞き出そうとする記者たちに、平然と、これを繰り返す。

　こんなことがあった。ある夜、菅は二階幹事長らとの会合を終えて、赤坂の議員宿舎に戻ってきた。菅の帰りを10人以上の番記者が待ち受け、宿舎のロビーで立ったまま菅を囲むのが官房長官番としての恒例の夜回り取材だ。この夜も、面倒くさそうに記者たちのもとに歩みを進めてきた菅に、会合についての質問を浴びせる。

「二階さんたちとの会合だったのですよね？」

「二階さん」

　番記者にはすっかりお馴染みの菅の〝質問オウム返し〟だ。

「盛り上がったんですか？」

「盛り上がったよ」

沈黙が続くと、菅はその場を立ち去り、夜回りはそこで打ち切りになってしまう。そうならないように、矢継ぎ早に質問を重ねる。

「二階さんの他には、どなたがいたんですか？」

「知らねえ」

知らないはずはないのに、平然と答える。

「何の話題で盛り上がったのですか？」

「知らねえ」

番記者一同、絶句するしかない。「これでは上司に報告が上げられない」と愚痴をこぼし合うのも夜回り後の菅番記者の日常だった。ある新聞記者は「菅番は、政治記者としてのキャリアを傷つけるだけだ」と吐いて捨てるようにこぼした。それくらい、菅は記者にとって手強い存在だった。

安倍・菅政権とは何だったのか

菅との関係に変化が起きたきっかけは、私が番記者となってから5カ月後、2015年10月末のグアム訪問だった。沖縄基地負担軽減担当大臣を兼務していた菅が、沖縄駐留の米海兵隊の一部が移転する予定の施設などを視察するのが目的で、危機管理を担う官房長官にとって異例の外遊だった。この頃、まったく菅に食い込めていなかった私は、この訪問をテーマとしたニュース企画を制作することで、菅に近づけないかと考えた。菅に対して、企画書を示した上で、「グアムで短時間でもいいから単独インタビューを撮らせてほしい」と数度にわたり依頼する。しかし、「分刻みのスケジュールなので応じられない」とつれない反応だった。

そこで一計を案じる。事件記者出身の私の得意技といえば張り込みだ。菅はグアムでも、必ず日課の朝の散歩には出るだろうと狙いをつけ、朝5時半から菅の部屋の外でデジカムを構えていた。他社の政治記者でそんな真似をしようとする奴はいまい。案の定、まわりには他の記者の姿はなかった。そして、読みは当たる。6時過ぎに菅と秘書官らの一行がホテルの敷地内の散歩に向かったのだ。私は、つかず離れずの距離から、その様子を撮影する。そして、海辺の階段を上がり、グアムの美しい海を一望できる展望台に足を運び、菅が顔を上げた直後、撮影をしている私に気付く。その瞬間、菅は踵《きびす》を返し、ホテルの建物に向け歩みを速める。慌てて、カメラを向けたまま菅に近づく。

「長官、今回の外遊について、一言だけもらえないでしょうか」

菅は、私の目を見ずに遮《さえぎ》った。

「悪いけど」

撮影をされるつもりなど、まったくなかったのだろう。表では決して見せない、メガネ姿だった。

このときから、菅の態度は一層硬化することになる。囲み取材の際は、私の質問にも答えてくれるが、電話をしてもメールをしても一切、反応はないという状態が2週間は続いた。ルール破りの取材に菅が憤慨したことは明らかだった。これで早くも政治記者人生は終わりだと目の前が真っ暗になる。

このままでは官房長官番は続けられない。最後の手段として、菅に謝罪文をしたためることにした。自分が、いかに菅という人物の真実に迫り、それを広く国民に伝えたいという熱意を持っているか。そして、その熱意が焦りと変わり、いかに無礼な行動に走ってしまったのか。これまで書いたことのないくらいの長文に及ぶメールだった。祈るような気持ちで送信ボタンを押す。

すると、数分後、菅から短い返信が入る。

「気付いてくれて良かったです。明日、朝食を一緒にとりましょう」

これをきっかけに、菅との距離がぐっと近づくことになる。改めて、菅に特集企画の制作を持ちかけ、それに応じた菅は初めてプライベートの散歩の様子を撮影させてくれた。さらに、菅の行きつけの秋田料理店での単独インタビューに応じ、その素顔を覗《のぞ》かせた。独裁的手法と批判される官僚人事についても切り込んだが、「独裁的と言われるのであれば、それでも構わない」と自信をみなぎらせ、嫌な顔一つ見せることはなかった。

これをきっかけに、サシ（一対一）で会食をする回数も増え、そのペースは月に1回から、次第に週に数回に及ぶようにもなった。

官房長官というポストについて、中曽根康弘内閣でその職務を担った後藤田正晴は「いわゆるまとめ役とケンカを仲裁する権限だけだ」と指摘した（後藤田正晴『内閣官房長官』講談社、1989年）。しかし、菅はそれまでの官房長官像を大きく変え、省庁にまたがる内政案件を自ら手がけていく。インバウンドを成長させるための規制改革、ふるさと納税の拡大、農林水産品の海外輸出促進など、各大臣を指揮する〝首席大臣〟として辣腕《らつわん》を振るったのだ。

菅は「仕事が趣味」と公言するほどの仕事人間だ。私との会食や懇談取材の場でも、酒を一切飲まない菅は、仕事以外の話にはほとんど関心を示さず、共通の関心分野である観光行政やベンチャー企業の動向について意見交換することが多かった。そして、もちろん話題はその時々の政局にも及んだ。「なぜ、解散の時期が大事なのか」、「官僚人事の要諦《ようてい》は何か」、「選挙を勝ち抜くポイントは何か」。政治素人の私に、菅は、まるで教師が生徒に教えるように丁寧に手ほどきしてくれた。おそらく私のような記者が珍しかったのだろう。

いつしか、素人政治記者だった私も、政治部の取材チームの中核を担うようになる。

そして、その間に、菅は権力の座をますます強固なものにしていった。2人の懇談の内容は、「初級政治学」から「生々しい権力闘争」へと移り変わっていく。そこには、記者会見では決して見せない、菅の苦悩や怒り、自信、そして迷いがあった。そして、その生々しい言動の中に、菅という政治家の本質が次第に浮き彫りになってくる。

3年ほど前に「菅長官をテーマにした本を書いてみたい」と話したことがあった。秋田から家出同然で上京し、段ボール工場での住み込み勤務から、どのように権力の階段を上ってきたのか。彼が何を考え、この国をどこに導こうとしているのか、より深く伝えたいという思いだった。

その数カ月後、菅は国会の廊下で私の姿を認めると、手招きして大臣室へと呼び入れた。初めて入る大臣室に戸惑う私に、菅はソファに座るように指し示す。そして、向かいに座ると、腕を組んだまま、顔を近づけた。

「俺の本、書いて良いから。ただし、官房長官を辞めたときにな」

そのことだったのかと驚き、慌てて頭を下げる。

「ありがとうございます。でも、まだまだ官房長官を辞めないでしょうから、随分先の話ですね」

すると、ふっと鼻息を漏らす。

「今から書き溜めておけばいいから」

菅が、どのような思いで、何を私に託《たく》したのか、そのときの私には分からなかった。

権力を監視すべきメディアの役割を考えれば、取材者と権力者の近すぎる距離感には、批判もあるだろう。権力に取り込まれた〝御用記者〟と非難する向きもあるかもしれない。しかし、時の権力者の本音を探るためには、その懐《ふところ》に飛び込み、肉薄しなければ始まらない。遠くから見る景色は美しいかもしれないが、間近に迫らなければ、美しさの陰に隠れたドロドロした汚れや生々しい臭いは感じ取れない。ジャーナリストとして、食い込むことはあくまで手段であり、何を伝えてきたかという結果で、評価を受けるべきだというのが私の考えだ。

9年近くにわたった安倍・菅政権が、この国にもたらしたものは何だったのか。権力の集中、国民の分断、霞が関の劣化、そして、政治への不信。日本の政治史に類を見ない〝長期政権〟の真相に迫るために、まずは、菅が政治家人生でもう一つの絶頂に上った、2年前のあの日から振り返ってみたい。

第1章 〝令和おじさん〟の誕生

2019年4月、新元号「令和」発表を契機に菅フィーバーが巻き起こる。官房長官として異例の訪米を成功させた菅は、7月の参院選で「新たな自民の顔」となり、自公圧勝の原動力となる。菅は完全に有卦《うけ》に入っていた——。

新元号発表

2019年4月4日朝、国会議事堂からほど近いホテルのレストランの個室に姿を見せた菅は、私の顔を見るなりホッとした表情を見せ、頬《ほお》を緩めた。

「いやあ、うまくいったよね。とにかく情報管理には気を遣《つか》ったからね」

この3日前に発表された新元号「令和」。新天皇の即位前に新しい元号が発表されたのは、歴史上初めてのことだった。

「新しい元号は『令和』であります」

4月1日、総理官邸1階の記者会見室で、いつも以上に緊張した面持ちで菅がこう高らかに宣言すると、新たな元号が書かれた半紙が入った額縁を顔の右側に掲げ、無数のカメラのフラッシュを浴びた。

この1カ月あまり、菅が最も苦心したのは、いかに新元号が外部に漏れないようにするかだった。発表前に報じられれば、その元号の価値が損なわれてしまうと考え、徹底的な保秘に努めていた。そのため菅は「絶対に漏れないようにするため、俺は当日まで決めないから」と周囲に語っていたほどだった。

万葉集という国書《こくしょ》を初めて典拠《てんきょ》とする元号「令和」は、国民から好意的に受け止められる。万葉集にゆかりのある福岡県の太宰府《だざいふ》市などには観光客が押し寄せていった。

実は、新元号の発表については、安倍晋三総理の周辺には「総理がやるべきだ」と進言する者もいた。平成を発表した、当時の小渕恵三官房長官が「平成おじさん」として人気者になったのを見て、竹下登総理は「自分が発表すれば良かった」と後悔していたというエピソードがあったからだ。

しかし、安倍は「前例を踏襲《とうしゅう》して、官房長官に発表してもらおう」と決断。これが菅の政治家としての運命を大きく変えることになる。

菅は「令和」発表の3日後、普段は見せないような嬉々《きき》とした表情で、饒舌《じょうぜつ》に語った。

「政治家として、こんなに名前が売れるものはないだろう。発表のとき、NHKの瞬間視聴率は27%だったらしいよ。その前の週末に街頭演説をやったけど、異常な雰囲気だった。人が寄ってくるんだよ。今までと全然違っていた。それで『新元号は〝安久〟ですか?』って聞いてくるんだよ」

令和おじさんフィーバー

菅の予感は当たっていた。4月6、7日に産経新聞・フジテレビが行った世論調査で、「次の総理には誰がふさわしいか」という項目に、小泉進次郎《しんじろう》、石破《いしば》茂、岸田文雄に次いで、菅の名前が4位に浮上。1年前に行われた調査では6位にとどまっていたが、そこから支持率は倍増していた。これまでポスト安倍として名前が挙がることがなかった菅への注目度は急上昇。元号発表が後押ししたのは一目瞭然だった。

4月6日、菅は、目をかけてきた鈴木直道《なおみち》前夕張市長が出馬した北海道知事選の応援のため、札幌駅前で街頭演説を行った。政治家としては寡黙な菅の演説は、お世辞にも上手とは言えず、普段は多くの人が足を止めることはない。しかし、この日の様子はまったく違った。街宣車のまわりには、菅の姿を一目見ようと、5千人もの観衆が押し寄せていたのだ。演説を終えた菅が車を降り、握手に回ると、まるで人気アイドルがサプライズで現れたかのように、一斉に聴衆からスマホが向けられ、もみくちゃにされる。女子高校生たちからは「令和おじさーん!」との黄色い声が次々に飛び、記念撮影を求める人の列は延々と伸びていった。ネット上では、菅の元号発表をコラージュした画像が一気に拡散。テレビや新聞、雑誌でも菅の姿を見ない日はなかった。令和ブームは〝菅フィーバー〟を巻き起こし、一気に過熱したのだ。

4月8日の菅の記者会見では、記者からポスト安倍としての評価が急上昇していることを問われると、「まったく考えていません」と述べるにとどめた。しかし、その表情に、これまでの会見では見せたことのない笑みが浮かんでいたことに、多くの記者たちは気付いていた。

この頃から、菅のポスト安倍としての存在感は一気に増していく。2019年4月10日発売の月刊「文藝春秋」のインタビュー記事で、自民党幹事長の二階俊博は菅について高い評価を口にした。

「菅さんはこの難しい時代に官房長官として立派にやっておられますね。それは素直に評価に値すると思っています。また、彼はそういうこと（ポスト安倍の総裁候補）にも十分耐え得る人材だとも思っています」

さらに、自民党OBの重鎮《じゅうちん》で、岸田派名誉会長の古賀誠もテレビ番組で同調してみせた。

「二階幹事長が言っているように、菅官房長官が、ポスト安倍の候補の1人であることは間違いない」

古賀は、自らの派閥の会長である岸田については、「ポスト安倍の候補の1人だということは否定しない。それだけの能力を持った人だ」としながらも、「必ずしもポスト安倍でなければいけないということではない」と切り捨てた。

異例の訪米

元号発表で政界の注目の的となった菅は、さらに存在感を高めるための一手を繰り出す。4月25日の記者会見で、ゴールデンウィークの連休後に訪米することを自ら発表したのだ。危機管理を担当する官房長官が外遊を行うのは異例で、平成においても4回しか前例がない。しかも、遠く離れたアメリカ本土への外遊は異例中の異例で、メディアは「ポスト安倍に向けたアピール」、「アメリカへの顔見せ」などと大きく書き立てた。これまで政権運営の裏方に徹してきた菅の訪米には、どんな意図があったのか。

実は、菅の訪米は前年10月の内閣改造で拉致問題担当大臣を兼務することになったときから、既定路線だった。拉致問題担当大臣の前任の加藤勝信《かつのぶ》も前年のゴールデンウィークに訪米し、ニューヨークの国連本部でのシンポジウムに参加するなどして拉致問題解決を訴えてきたからだ。菅も表向きは「拉致問題担当相として前任と同じように訪米する」と説明してきたが、菅に近い官僚は、こう解説した。

「4月中旬になって、菅長官から『この訪米に懸けているな』とヒシヒシと感じるくらいの気合いが伝わってきた。やはり元号発表が大きかった。令和の反響は予想していたものの、北海道知事選で街頭演説をやってから、長官も『この勢いは本物だ』と感じ始めた。この機会に最大限得るものを得ておこうと思ったのだろう。次の総理になる道程というよりも、次の総理と言われ続けることで、政治家としての力が高まると思ったのだろう。そして、次は外交で存在感を示そうと考えたのだ」

当初は国連本部があるニューヨークだけの訪問予定だったが、菅は年明けから準備を進める外務省関係者らに「ワシントンDCにも行こう」と主張し始める。菅がこだわったのはマイク・ペンス副大統領との会談だった。外務省関係者はペンスとの会談について、菅は当初、「会えるなら会えばいい」という雰囲気だと考えていた。しかし、次第に、菅の要望が強くなってきたのを感じたという。しかし、ペンスは、通常は各国の首脳級としか会談をしないことで知られていた。当然、菅は首脳級とは言えない立場だ。

この局面で動いたのが、駐日米国大使のウィリアム・F・ハガティだった。菅は前任のキャロライン・ケネディ大使の時代から、米国大使との関係を重視し、ひそかに定例の朝食会を毎月続けていた。ケネディとのパイプは、沖縄の基地負担軽減を進めるための米軍北部訓練場の過半返還につながるなど、菅の隠れた外交ツールとなっていた。ケネディと同様に、菅との信頼関係を深めていたハガティは「ペンスとの会談を熱望している」との菅の意向を知るなり、本国政府に対し「日本の政局はスガが握っている。スガをできる限りの厚遇で迎えるべきだ」と伝え、ペンスとの会談実現のために骨を折ったのだ。

喜怒哀楽を表に出すことが少ない菅だが、この訪米に当たっては不安を隠せなかったと周辺は明かす。

「菅長官は、今回の外交で失敗したくなかった。普段やらない行事だから不安だったのだろう。安心させるために『これだけ日程が詰まっています』と言い続けた。マスコミから『結局、何をしに行ったんだ』と批判されることや、『会談の時間を切り上げられて終わってしまった』とか『ドタキャンされてしまった』などという、〝外交失敗〟の烙印《らくいん》を押されるリスクに頭を巡らせていた。だから、訪米する前日になって急に菅長官が『ハガティとお茶が飲みたい』と言い出した。前日になって本当にペンスと会えるのか不安になり、ハガティに念を押すのが目的だったが、ハガティから『ちゃんと伝えているから心配しないでほしい』となだめられたくらいだった」

この菅の異例の訪米に、外務省は局長級4人を同行させるなど、総理外遊並みの体制を整えた。一方のアメリカ側も、ペンスを筆頭に、ポンペオ国務長官、次期国防長官との呼び声が高かったシャナハン国防長官代行といった、トランプ政権のまさに中枢の面々が菅を歓待したのだ。

菅が熱望したペンスとの会談は大成功を収める。会談にあたり、菅が事前に用意していた話題が〝地方出身のたたき上げ〟という共通点だった。会談の冒頭で、菅が地方出身という自身の原点と、「地方創生」というライフワークについて熱弁すると、インディアナ州知事などを歴任したペンスも同じ匂いを感じたのだろう、一瞬にして相好を崩し始める。

ペンスは菅に尋ねた。

「あなたは官房長官として、どういう仕事をしているんですか？」

菅は厳しい表情を浮かべたまま、短く答えた。

「あらゆる仕事で総理を支える。国内政策については各省横断の話は自分がやる」

するとペンスは興奮したように自分の両手を叩いた。

「自分と同じだ！」

副大統領としてトランプ大統領を支え続ける自らの姿を、菅に重ねたのだろう。すっかり意気投合し、ペンスは菅をわざわざホワイトハウスの執務室にまで案内したのだ。

2017年の日米経済対話の際、カウンターパートであった麻生太郎副総理兼財務相には、こうした厚遇は一切なかったという。菅が米政府内でポスト安倍候補の一番手に躍り出た瞬間だった。

ワシントンでの会談が成功裏に終わり、ニューヨークを訪れた菅は最終日にセントラルパークで朝の散歩に出ることを楽しみにしていた。秘書官たちとゆっくりと散歩を満《まん》喫《きっ》する予定だったが、公園に向かう車中で、菅は秘書官たちにこう告げた。

「浮かれた感じで報道されると、昨日までの完璧な成果が台無しになるから、緊張感を持って歩こう」

どこまで行っても慎重さを崩さない菅らしい言葉だった。菅がようやくホッとした表情を浮かべたのは、羽田からの帰りの車中だったという。

帰国後に菅と会うと、子供が楽しい遠足の思い出を語るように、うれしそうに訪米を振り返った。

「アメリカはものすごく歓迎してくれたよね。ペンスも自分のオフィスを見せてくれ、破格の対応をしてくれた。地方の用事も変更して来てくれたんだ。ポンペオも過密スケジュールの間を縫って会談に来たけど、終わったら、またすぐどこかに飛んでいったよ」

訪米直後に行われた日本経済新聞の世論調査で、次の総理候補の支持率として、安倍総理と小泉進次郎が23％で並び、石破茂元幹事長が11％と続く中、菅は4位に浮上して7％。前年10月の前回調査の2％から大幅に上昇していた。

菅は頬を緩めた。

「ふふ。自民党支持層では、石破さんより俺が上だっていうんだよね。石破さんと岸田さんはショックだろうな」

「長官としては、ポスト安倍に浮上していることをどう思っているのですか？」

「放っておけばいいんだよ」

菅は私の目をジッと見ながら、不敵な笑みを浮かべた。しかし、これは菅にとって、それからの2年半の間、ジェットコースターのようにめまぐるしく上昇と下降を繰り返す激動の始まりにすぎなかった。

幻のダブル選挙

安倍政権にとって2019年の最大の関門は、7月の参議院議員選挙だった。そして永田町の焦点は、ここに合わせて安倍総理が衆参ダブル選挙に踏み切るかどうかだった。

このとき、安倍に対して積極的にダブルを進言していたのが、副総理の麻生だった。

菅は呆れたように語った。

「麻生さんが『ダブルをやれ』と言っているみたいだね。それで、『また菅が反対している』と言っている。でも、言わせておけば良いんだよ」

安倍の真意を菅はどう感じていたのか。

「安倍総理もダブルをやりたがっているのではないですか？」

菅は即答する。

「全然、そんなことはないよ。参院選に負けるという前提にみんな立っているから、そう言うんだよ。それで、ダブルをやることで、負けるのを食い止めると。でも、俺は負けると思っていないから」

「参院選に負けるなら、ダブルをやっても負けるということ？」

「その通りだよ。参院で過半数を確保すればいいんだよ。与党で過半数取ればいい、それが勝負だ。総理が4選をやる可能性があるならば、ダブルを考えても良かった。でも、総理は『4選はしない』と言っている。そうだとすると、やる意味が何にもない。今、衆議院で3分の2の議席があるんだからね」

安倍の自民党総裁3期目の任期は２０２１年9月までで、衆議院の任期満了は２０２１年10月。4選を目指さない安倍が、議席を減らす可能性のある解散をするはずがないというのが菅の読みだった。

そして菅は、一貫して解散には慎重である。２００8年、麻生政権の誕生直後に、選対副委員長として菅が麻生に解散を踏みとどまらせたことで、結果的に麻生政権が追い込まれていったのは、よく知られるエピソードだ。麻生は、このときのことを今でも忘れていない。菅と麻生は、その後も解散のタイミングや消費増税についてなど、ことごとく衝突していた。安倍を支える内閣の要《かなめ》の2人は緊張関係にあり、安倍はそのバランスに苦慮してきた。

実は安倍自身は一時、総理秘書官の今井尚哉《たかや》とともに、日露の領土交渉に一定の道筋をつけた後にダブル選挙に踏み切るプランを検討していた。安倍自身が懸念していたのは、解散を先送りして自身の総裁任期満了と衆議院議員の任期満了が近づけば、新しい自民党総裁が就任直後に総選挙に臨まなければならなくなるということだった。さらに新元号の「令和」効果で内閣支持率が急上昇したことも、安倍を後押ししていた。

この頃、公明党の支持母体である創価学会幹部も「安倍総理と直接話して感じたことは、12年前（2007年）に参院選に負けて総理を辞めなければいけなかった悔恨《かいこん》から、最後は勝って終わりたいという思いの強さだ。今回ダブルに踏み切るのならば、受けて立ってもいい」とダブルを容認する姿勢を見せた。

しかし、6月に入ると、政権にとって誤算となる事態が発生する。問題となったのは、金融庁の「金融審議会　市場ワーキング・グループ」が公表した報告書「高齢社会における資産形成・管理」だった。報告書は、長寿社会を踏まえると「公的年金以外に老後は2千万円が必要」として、積み立て投資などの活用を訴えるものだった。しかし、この報告書に対し、野党側は「年金が100年安心というのはウソだった」と一斉に反発する。立憲民主党の辻元《つじもと》清美国対委員長は「安心安心詐欺じゃないか。これは最大の参議院選挙の争点になる」と批判の狼煙《のろし》を上げた。

これに対し、金融担当大臣も兼務する財務相の麻生は「年金制度が崩壊するかごときに思われるような表現になっていた」と釈明した上で、報告書の受け取りを拒否。だが、この対応がさらなる批判を呼ぶことになる。国会では、麻生がこの報告書を読んでさえいなかったことも明らかになった。1カ月後に参院選が迫る中、政府は懸命の火消しを図ったが、年金という世論の関心が高いテーマでの失敗は致命傷になりかねなかった。NNNと読売新聞が6月に行った世論調査で、国の年金制度に「不安を感じる」と答えた人は8割を超えた。結局、この問題が安倍総理の中で燃え上がったダブルへの思いを鎮火することになったのだ。

参院選への執念

7月3日午後、菅から議員会館の事務所に来てほしいと連絡が入る。この日は、7月21日投開票となる参院選の公示日前日。港区の日本テレビ本社で、選挙特番に向けた立候補者情報の確認など資料作成に追われていたが、上司に「小一時間だけ抜けさせてください」と告げ、慌ててタクシーで駆けつける。私は、この半年ほど前から、野党担当キャップになっていたが、菅との付き合いは変わらなかった。

部屋を覗くと菅は会議室の中で1人、両腕を前に組んだまま、どっしりと座っていた。私が席に着くなり、表情を変えずに2枚綴りのA4用紙を手渡す。

「これが参院選の応援演説の原稿。ちょっと見てくれ」

A4用紙に小さな字でびっしり印字された原稿。菅の秘書官らが作成した参院選での応援演説用の原稿だった。2枚読み上げると、ちょうど20分くらいの演説の分量になる。

菅の演説のパターンは大体決まっている。冒頭で安倍政権がいかに経済最優先で取り組んできたかを訴え、株価や有効求人倍率など具体的な数字を示して、経済を改善してきたことをアピールする。

この参院選向けの演説原稿で、菅がこだわったのは、新元号「令和」への言及で演説を締めることだった。令和が最初の元号である大化《たいか》以来、初めての国書を典拠とする元号であることを紹介しつつ、「国民のみなさんが持っている〝つぼみ〟を、大きな花として咲かせることのできる、そんな国を作っていきたい」という明るいメッセージを発信したいという願いだった。

菅は、どうすれば官僚的な原稿が、より伝わりやすい言葉になるかを思案していた。街頭で演説を聞く人々に、きちんと理解してもらえるか、聴衆のサンプルとして私が呼ばれたのだろう。菅は文章を冒頭から一つ一つ読み上げ、分かりやすい表現がないか模索しては、ボールペンで行間に書き入れていく。

「『全世代型社会保障』という言葉は、耳で聞くと分かりにくいんですよね」

「でも、党の公約で掲げているからな。じゃあ、『子供からお年寄りまで』という枕詞《まくらことば》を入れるか」

「インバウンドや農産品輸出の拡大が、長官の号令による規制改革で成し遂げられたことは、あまり伝わらないかもしれませんね」

「じゃあ、『私は常に〝国民から見て当たり前という視点〟で、手がつけられなかった規制・古い慣習を打ち破って改革を進めてきました』と説明しよう。そして、『今後も、携帯電話料金の引き下げなどの改革に取り組む』と強調する」

途中、秘書がアイスを差し入れに持ってくる。2人でアイスバーを片手に持ってかじりながらも、原稿から目を離すことはしない。

1時間くらい経つと、菅はおもむろに立ち上がり、自分の執務室から3枚の写真を出してきた。

「すさまじい数でしょ」

それは2週間前に、菅が広島市内に参院選の候補者の応援演説に行ったときの聴衆の写真だった。そこには立錐《りっすい》の余地もなく集まった数千人の市民が、菅にスマホのカメラを向ける様子が写されていた。

「道路を挟んだ反対側もずーっと人がいたんだよ。河井案里《あんり》はこれで通っちゃうな。情勢調査の数字も急に伸びてきている。岸田さんが同じ場所で演説したときには、動員された支援者が１００人集まっただけだったらしいよ」

この参院選で、菅が最も力を入れたのが、複数区である北海道と広島で自民党が２つの議席を獲得することだった。２人区である広島には、菅と当選同期で、関係の近い河井克行《かつゆき》衆院議員の妻・案里が自民党の２人目の候補として出馬していた。この河井の出馬をめぐっては、ひと悶着《もんちゃく》があった。広島選挙区には、岸田派のベテランで、国家公安委員長や参院幹事長を歴任した溝手《みぞて》顕正《けんせい》が現職として出馬していた。長年、この選挙区は溝手と野党議員が議席を分け合う無風区だった。ところが、安倍と菅はこの広島で２議席を総取りできるとみて、２人目の擁立を決めたのだ。これに溝手と広島が地元でもある岸田は猛反発する。しかし、安倍は「２人の当選の可能性がある以上、複数区では２人を擁立する」と反発を押しのけた。２０１２年、安倍が第２次政権を発足させる前に、溝手が安倍について「過去の人だ」とテレビで発言したことがあったのを、安倍や菅は決して忘れてはいなかった。

選挙戦において、溝手は後援者たちへの挨拶で、「野党候補に投票しても良いが、絶対に河井だけには１票も入れないでほしい」と懇願したほど、広島は骨肉の争いの舞台となっていた。その広島に菅は繰り返し応援に入っていたのだ。

公明党との選挙協力

この選挙戦で、菅は急上昇した自身の人気をふんだんに活用した。自民党の選対関係者は、「今回の選挙戦では、安倍・小泉という2枚看板に、菅さんという大スターが加わった」と喜んだ。公示前の時点から、官房長官としては異例となる全国遊説を行ったのだ。特に、全国の激戦区で応援弁士として引っ張りだこになった。

菅は安倍の後押しがあったことを明らかにした。

「総理が『私は外交があって全国を回れないから、今一番人気がある菅ちゃんが行ってくれ』と頼んできたんだよ」

実際に、自民党の選対本部の会合では、ある党幹部が「官房長官は危機管理が優先だから菅長官の応援は減らすべきだ」と主張したのに対し、安倍総理は「大丈夫だ。そんなことはない。官房副長官がいるからいいんだ」と反論した。

菅が応援に入ったのは、自民党の候補だけではない。連立を組む公明党の候補の応援には、自民党の誰よりも早く、そして頻繁《ひんぱん》に駆けつけていた。菅はその理由をこう説明した。

「俺が公明党の応援に行くことについて、自民党からいろんな批判をされるけど、それをやらなければ公明党だって自民党の応援をやらないんだから。32の1人区で全部、自民党を応援してくれてるんだからね」

公明党は、この参院選で7つの選挙区に候補を擁立。いずれも自民党の候補者も競合する複数区のため、対立する自民党候補にしてみると、公明党に肩入れする菅の行動は疎《うと》ましいものでしかなかった。

特に、この選挙戦で公明党にとって最重点区となったのが兵庫選挙区だった。定数3を維新・自民・公明・立憲・共産・N国で争う、全国で一番の激戦区となった。特に4月の大阪府知事・市長選を制した維新旋風が吹き荒れる中、自民・公明・立憲はそれぞれ新人候補を擁立。公明党の候補は元外交官の高橋光男。高橋は立憲の候補と3番手争いを繰り広げていたが、公明党独自の情勢調査によると得票予測は「35万対52万」と3位の立憲候補に大差をつけられている状況で、「常勝関西」と呼ばれた公明・創価学会は大ピンチを迎えていた。

この選挙の陣頭指揮を執《と》る創価学会の佐藤浩副会長は、神戸市内のホテルに泊まり込んでいた。佐藤は、菅の盟友として知られていた。創価学会の青年部長や男子部長を歴任し、池田大作名誉会長からその類《たぐい》まれな才能を見いだされ、30代にして副会長に抜擢《ばってき》された。学会関係者は、「佐藤浩は、池田名誉会長がお元気のときに、名誉会長からじかれ、薫陶《くんとう》を受けた最後の人間かもしれない」と語る。

佐藤は、身長180センチあまりの長身痩軀《そうく》で、メガネが似合う俳優のような男前である。音楽や芸術、歴史に精通する高い教養を持ち、才気《さいき》煥発《かんぱつ》する存在だ。その佐藤が、公明党の選挙全般を取り仕切り、指揮を執ってきた。佐藤の選挙は緻密《ちみつ》だ。学会でも、佐藤にしか理解できない独自の調査・分析を選挙区ごとに行い、弱い部分を効果的にテコ入れする。佐藤の票読みは、寸分の狂いもないと言われている。そして、佐藤の判断が、学会選挙の中核をなす婦人部を動かし、全国に広がる巨大組織を操舵《そうだ》する。「選挙の天才」と呼ばれる佐藤と菅の「SSライン」が、何度となく、安倍政権の危機を救ってきた。

佐藤と菅の出会いは2009年、自民党が野党に陥落《かんらく》していた頃だった。神奈川における公明党の重鎮県議の紹介で、2人は、横浜駅西口の地下にある居酒屋で夕食をともにするが、そこですぐに意気投合する。ともに全国のすべての小選挙区の情勢まで熟知している〝選挙の鬼〟であり、勝負師、喧嘩屋でもある2人はよく似ているのだ。佐藤は創価学会本部に戻ると、すぐに原田稔会長に面会し、「学会として菅さんを大事にした方がいいです」と報告したという。このとき以来の学会とのパイプは、菅の権力の源泉の一つとなっていく。

盟友の危機に、菅は陰に陽に兵庫選挙区で公明候補・高橋光男の支援に乗り出していた。前月に続き、7月2日に神戸市内に応援に入ると、市内のホテルには約5千人の港湾・建設業関係者が集まった。横浜を地元とする菅は港湾や建設業界に顔が利《き》く。高橋の後援会長に就いたのは、日本港運協会会長で港湾運送大手、上組《かみぐみ》会長の久保昌三《まさみ》だった。高橋の決起集会に出席した久保は「お世話になっている菅官房長官の気持ちにお応えすべく、後援会長を引き受けさせていただいた」と挨拶した。本来は自民党を応援してきた港湾や建設業界が、全面的に公明党の高橋のバックアップに回ったのだ。

もちろん、菅がこうした異例の選挙協力を行ったのには理由があった。菅は、公明党に全面的な協力をする一方で、佐藤に対し、北海道や広島で自民党の2人目の候補への応援を依頼していた。これに応じるように、創価学会は北海道では劣勢が伝えられていた岩本剛人《つよひと》、広島では河井案里の全面的応援に舵を切ったのだ。

結局、東北地方などの1人区でいくつかの取りこぼしはあったものの、自民党はこの参院選で57議席を獲得し、勝利を収めた。広島選挙区では従前の予想を覆《くつがえ》し、河井が大ベテランの溝手を上回る票を獲得し、溝手は落選。菅が応援した北海道の岩本は当選し、公明党の高橋は自民党候補を追い抜き、2位で当選を果たした。

この選挙結果について、ある財務省の幹部はこう評価した。

「今回の参院選は菅さんの圧勝だった。比例選挙区で上位当選した柘植《つげ》芳文《よしふみ》や和田政宗《まさむね》は参院の菅グループの中心メンバー。河井も圧勝したし、公明党も候補を立てた全選挙区で勝利した。さらに菅さんに近い維新もあれだけ議席を伸ばしたから、菅さんの影響力は増すばかりだろう」

対照的に、この参院選で大打撃を被ったのは政調会長の岸田だった。自身が率いる岸田派の重鎮、溝手がお膝元の広島で落選しただけではなく、岸田派を挙げて応援してきた山形選挙区の大沼瑞穂《みずほ》、秋田選挙区の中泉松司《なかいずみまつじ》、滋賀選挙区の二之湯《にのゆ》武史《たけし》という現職候補4人が相次いで落選したのだ。岸田には「選挙に弱い」という総裁候補としては致命的なレッテルが貼られ、ポスト安倍レースにおいて急速に求心力を失う結果となった。

岸田派のベテラン議員は肩を落とした。

「参院選でミソをつけて、これで『幹事長をやらせてほしい』なんて言えなくなった。岸田さんはもう自力では総理になれないということが分かったんじゃないか」

〝岸田幹事長〟をめぐる攻防

参院選後も、菅の勢いはとどまるところを知らなかった。菅にとって次の戦いの場は、内閣改造・自民党役員人事だった。

参院選後、安倍の外交日程が立て込んでいたため、内閣改造・党役員人事は9月の上旬に行われることになった。ここで、まず仕掛けたのが副総理の麻生だった。8月26日、麻生はひそかに岸田と都内のホテルで会談する。そこで、幹事長ポスト奪取に向け背中を押したという。また、安倍もこの頃は、岸田を幹事長に抜擢したいとの思いを周辺に漏らしていた。官邸関係者は「参院選の敗北で求心力を失いかけていた岸田さんに、ポスト安倍としてもう一度、力をつけさせたかったのだろう」と安倍の思いを解説した。

この安倍の〝岸田幹事長〟案を知って大慌てしたのが菅だった。8月30日午後、首相官邸の総理執務室の部屋に駆け込むと、厳しい表情のまま、諭《さと》すように直言した。

「総理、私たちが政策を進めて来られたのは、自民党内を押さえられてきたからです。岸田さんでは党内を押さえるのは難しいですよ。二階幹事長はいろいろ外に向けては言いますが、官邸には何も注文をつけてきたことはないですよね。官邸が党対策をやらなければいけなくなったら、大変ですよ」

安倍は少し考え込むと、短く答えた。

「それはそうだね」

結局、この4日後、安倍は二階と面会し、幹事長続投を言い渡した。その直後に、官邸にレクチャーに入った霞が関の官僚は、欣喜雀躍《きんきじやくやく》する菅の姿に驚いたという。

「あんな上機嫌な菅長官は見たことがなかった。私たちがレクに入っても、ニコニコだったね。明らかにその原因は、二階さんの幹事長留任だと思ったね」

菅にとって、岸田はライバルであり、自分とは違う「戦わない政治家だ」と見下していた。その岸田が幹事長になることは絶対に阻止したかった。安倍が決めかけていた人事を、菅がひっくり返したのは初めてのことだった。

この翌日、菅に会うと、高揚しながら、二階幹事長への評価を口にした。

「あんなに、やりやすい幹事長はいないよ。俺なんかにしても、党が安定しているから仕事ができるんだよ」

「岸田幹事長説もありましたが？」

菅は首を横に振る。

「それでは党が収まらないよ」

私の質問は、この数日後に発表される内閣改造人事に及んだ。

「今回の改造人事のポイントは何でしょうか？」

菅は平然と答える。

「お世話になった人を入れないとまずいというのはあるよね」

この前年の内閣改造は、総裁選の直後に行われたため、論功行賞の色が濃いという批判を浴びていた。

「でも、今回は改造前に総裁選があったわけではないので、お世話になった人というのは気にする必要がないのでは？」

「それでも、今までお世話になってきた人がいるんだよ」

その意味は、新閣僚の顔ぶれが出揃ったときに判明する。

〝お友達〟内閣再び

　2019年9月11日、第4次安倍第2次改造内閣が発足する。この内閣改造は、全閣僚19人のうち麻生と菅以外の17人を入れ替えるという大規模なものとなった。そして、初入閣も安倍内閣としては最多の13人で、官房副長官として政権を支えた萩生田《はぎうだ》光一を文科相、西村康稔《やすとし》を経済再生担当相に起用したほか、総理補佐官だった衛藤晟一《せいいち》を一億総活躍担当相に充てた。当選7回や8回にも入閣待機組がいる中で、当選5回の萩生田の起用は明らかな抜擢であった。そして、衛藤については安倍に近い保守系議員でありながら、これまでは、「失言癖がある」との評価から入閣が見送られてきた経緯があった。安倍にとって、3期目の総裁任期があと2年と迫る中、〝お世話になった〟側近たちを何としても入閣させておこうという思いが滲《にじ》み出ていた。

　しかし、こうした安倍側近の起用が陰に隠れるほどの剛腕ぶりを発揮したのが、誰あろう菅だった。閣僚の顔ぶれを見た自民党関係者が「これは隠れ菅内閣だ。ここまでやるか」と啞然《あぜん》としたほどだった。

　驚きを呼んだ一つは、菅原一秀《すがわらいっしゅう》をめぐる人事だった。菅原は当選6回で、経産副大臣や議院運営委員会の筆頭理事などを歴任してきた無派閥の議員だ。女性問題が週刊誌で取り上げられた過去があるなど、特有の〝軽さ〟が災いし、党内の評判は芳《かんば》しいものではなかったが、菅はこの菅原をかわいがった。菅原の両親が秋田出身ということもあり、菅原は日常的に菅の事務所に出入りし、菅の子分のように振る舞っていたのだ。その菅原の猟官運動は露骨だった。菅原は6月20日にホテルニューオータニのレストランに自民党の当選5回から7回の無派閥議員を10人集め、菅を招いた。菅原は「令和の会」と名付け、「長官を支える会だ」と内外にアピールした。しかし、出席者の1人は「菅原さんが入閣するために、菅長官に『こんなに人を集めました』と媚《こ》びを売るための会だよ。完全に利用されたね」と眉《まゆ》をひそめた。実際に、菅原が入閣を果たすと、「令和の会」は自然消滅した。その菅原が初入閣で、しかも経産相という重要ポストに抜擢されたことは、永田町関係者に衝撃を与えた。その裏に菅の影響力があったことは誰の目にも明らかだった。

そして、もう一つのサプライズは河井克行だった。河井も菅原と同様に「向日葵会《ひまわりかい》」という無派閥の議員グループを作り、菅を支える姿勢を鮮明にしていた。ただ、菅は河井については、菅原とは異なり、一線を引いていた印象がある。河井をめぐっては、この2年前の組閣の際に、朝日新聞が「入閣させる方向で検討に入った」と報道したことがあった。このとき、私が菅に直接、確認すると、菅は「あり得ないでしょ。河井に対しては批判がいろいろあるんだよ」と一蹴したことを覚えている。河井の〝パワハラ体質〟は永田町では有名で、数年で辞めた秘書の数は数十人に及ぶとも言われていた。菅は、そんな河井は閣僚には適さないと考えていたし、実際に朝日の報道は誤報となった。今回の改造においても、実際には河井の入閣を後押ししたのは安倍だったのだが、法務大臣という軽量級とは言えないポストに、自民党内外では「河井も菅が押し込んだのだろう」と見られていた。真実がどうであれ、政界では「どう見られるのか」ということがすべてなのだ。この2人の新閣僚が、この1カ月半後、相次いで辞任する事態に陥るとは、誰も想像していなかった。

河野・小泉という2枚のカード

この改造で、菅が安倍に対して強く要求していたことがもう一つあった。それは河野太郎外相の扱いだった。菅は河野について「同期で総理大臣になるとしたら河野だろう」と見込んでいて、実際に2009年の総裁選に河野が初めて立候補した際に、推薦人のとりまとめなどに奔走した。

この2年前に菅の強い推薦で、外相に抜擢された河野だったが、今回の改造では交代が確実視されていた。経済財政政策担当大臣としてTPP（環太平洋パートナーシップ協定）交渉をまとめ上げた茂木敏充《もてぎとしみつ》が外相ポストを熱望していて、安倍は1年前の段階で「次は外相で」と約束をしていたからだ。菅にとって、ポスト安倍として担ぎたい人物である河野が、閣外で干されることは何としても避けたかった。

菅は、安倍に対し「河野は閣内で処遇してもらえませんか」と数回にわたって掛け合っていた。安倍は、今回の人事ではポスト安倍候補と呼ばれる人材同士を競わせるような役職に置こうと考えていた。そして、外相として韓国に対して厳しい姿勢で臨んでいた河野を交代させることは、誤ったメッセージになりかねないという懸念も抱いていた。こうした点を考慮して、安倍が「河野さんは韓国との関係もあるし、防衛相でどうだろうか」と提案すると、菅は「ありがとうございます」と頭を下げた。この直後、菅は周辺に対し、「さすがは総理だ。河野のポスト安倍としての目は残った」と満面の笑みを浮かべた。

もう1人、菅には閣内に入れたい人物がいた。それは自民党のプリンス、小泉進次郎だった。小泉純一郎元首相を父に持つ生粋のサラブレッドである小泉だったが、安倍政権にとっては苦々しい存在でもあった。森友・加計《かけ》問題の際には、「権力は絶対に腐敗する」などと報道陣のカメラの前で語り、政権に対して再三、苦言を呈してきた。また、2012年と2018年の自民党総裁選では、安倍ではなく、石破に投票したことをわざわざ公言した。

2017年の内閣改造では、安倍と菅は小泉を官房副長官として起用しようと考え、本人に打診した。小泉の清新さと発信力で官邸のイメージを刷新しようという狙いだったが、小泉はその要請を無下に断っていた。次の総裁にふさわしいのは誰かという世論調査では、常に石破と並ぶ人気を誇っていた小泉を、安倍は疎ましく感じていた。

一方、菅と小泉はこの3年ほど前から距離を縮めていた。きっかけとなったのは、小泉が自民党の農林部会長として進めていた農業改革だった。小泉は、農家の所得向上を阻害しているのはＪＡ全農（全国農業協同組合連合会）の高コスト構造にあるとして、農協という巨大組織に切り込んでいた。自身も農業改革を手がけてきた菅は、小泉を応援していて、２人だけで食事をする関係になっていた。

菅と小泉の関係が表面化したのは、２０１９年８月７日だった。この日、小泉はフリーアナウンサーの滝川クリステルを伴って官邸を訪れ、結婚を菅に報告したのだ。将来の総理候補である小泉の結婚発表は、テレビで速報されるほどの大きなニュースとなったが、その中でも永田町関係者が驚いたのは、小泉がいち早く、菅に結婚を報告したことだった。各メディアが大々的に結婚について報道する中で、一番に報告を受けた菅にも注目が集まり、「勘が悪いなぁと自分のことを思いました。２人で一緒に来るということで少しはピンと来ても良かったのかなぁと思いますけど……まったく考えられなかったですよね」と恥ずかしそうに語る姿は、ネット上でも「かわいい」との声が上がるなど、国民から好感を持たれた。菅にとっては、この結婚報告は、小泉との意外な近さをアピールする機会となったのだ。

その小泉は、改造のたびに去就が注目されていた。私も、この年の改造の直前に、菅が小泉についてどう考えているか単刀直入に尋ねていた。

「小泉さんは次の総裁選に出るのではないでしょうか？　出れば勝つように思えるが、

長官はどう考えますか？」

するとは迷わず、即答した。

「勝つだろうね。だって党員票は議員票と同数だからね」

自民党総裁選は議員票と全国の党員の票が同数となるように計算される。たとえ議員票で負けたとしても、党員票で小泉は圧勝するとの読みだった。

「でも、それは小泉さんのためになるのでしょうか？」

すると、少し首を傾《かし》げながら、短く答えた。

「それは、そうだね。でも、出たら勝つだろうね」

大臣などの要職を一度も経験せずに、総理など務まるはずがない。

「1回、せめて副大臣を経験させた方が良いのではないでしょうか？」

大臣ではなく、副大臣だったら受ける可能性はあるのではないか。しかし、菅の答えは意外なものだった。

「いや、副大臣なんて、やらない方が良い。彼は1回、大臣をやれば、総理候補になってもおかしくなくなるんだから」

「中途半端に副大臣をやっても意味がないということですか？」

「そう。ちょっと彼への注目度は異常だからね」

「注目度が異常だからこそ、いきなり大臣をやらせるとリスクがあるのでは？」

「だって、大臣をできない奴が、総理大臣をできるわけないだろ」

冷たいような物言いの中に、小泉への並々ならぬ期待を感じ取った。

内閣改造・党役員人事の内定情報について各メディアが次々に速報を打つ中、ある通信社は「小泉氏の入閣見送り」と報じた。しかし、改造前日の夜、NHKの速報に永田町は驚愕《きょうがく》する。

「小泉進次郎氏の入閣が内定」

小泉は環境大臣に起用されることになった。これはこの内閣改造人事の最大の目玉であり、〝お友達内閣〟との批判を一気に吹き飛ばすものだった。

実は、この改造の前に、菅は小泉が今回は入閣を希望しているとの情報を内々に入手していた。そして、それをひそかに安倍に伝え、起用を進言したのだ。政権浮揚を図りたい安倍にとっても、渡りに船だった。

このように、この年の改造人事は、まさに〝菅人事〟と呼べる、菅にとっては会心の人事だった。派閥別の入閣議員数を比べても、細田派と麻生派から3人ずつ。竹下、岸田、二階の各派閥から2人ずつが入閣。菅を含めた無派閥議員の入閣は、最大勢力となる6人と、異例の多さとなったのだ。菅の永田町における存在感は絶頂に達していた。

しかし、これまで政権の裏方に徹し、自身の〝欲〟を決して見せなかった菅の明らかな野心が、菅自身の首を絞めることとなる。

第2章　辞任ドミノの衝撃

2019年後半、菅側近の新閣僚が「政治とカネ」をめぐる疑惑で相次いで辞任し、総理主催の「桜を見る会」問題を追及するマスコミの矛先《ほこさき》は安倍から菅に向かい始めた。そして、菅の懐刀《ふところがたな》の補佐官にも女性スキャンダルが発覚する——。

菅原経産相の辞任

ポスト安倍の最有力候補に躍り出た菅だったが、その流れは秋以降、一変する。発端は、菅が経産相に抜擢した菅原一秀をめぐる「政治とカネ」の疑惑だった。

2019年9月11日に行われた内閣改造の前夜、菅原は自身のブログに興奮あふればかりに綴った。

「明日の内閣改造において、本日、安倍総理から直々にお電話をいただいた。経済産業大臣をお願いする。57年間の人生で、経験したことのない感動の瞬間だった—

通常は、改造当日に官邸に呼び込まれるまで、大臣に内定した本人自らが閣僚ポストを明らかにすることなどない。後々、菅原のこの〝軽さ〟が災いすることになる。閣僚の不祥事を追う各週刊誌の編集部では、新しい閣僚の顔ぶれを見て、「スキャンダルまみれの閣僚ばかりだ。絶対にクビを獲ってやる」と意欲を燃やしたという。

火ぶたを切ったのは10月10日発売の「週刊文春」だった。「菅原一秀経産相『秘書給与ピンハネ』『有権者買収』を告発する」と題し、菅原が、選挙区内の有権者にメロンやカニ、イクラなどを贈っていたことが報じられた。この記事には、生々しい贈答品の内容と送り先のリストの画像までもが掲載されていた。これを読んだ自民党関係者は「いまだに、こんなことをやっている事務所があるのか」と驚きを隠せなかった。有権者に対する〝贈り物〟は、明らかに公職選挙法に違反する事案であり、事実なら、政治家としては一発アウトだ。

文春の報道に慌てた菅原は、すぐに菅の携帯電話を鳴らす。

「実は、あれは12年前に『週刊朝日』が同じ記事を書いたのですが、そのときの記者が文春に移って、書いたようなのです」

押し黙って聞いていた菅が口を開く。

「では、時効ということなのか？　その後はやっていないんだな？」

菅原が携帯を耳に当てながら頭を下げる。

「はい、その通りです」

この翌日、私は衆議院の予算委員会の審議に向かう途中だった菅を国会内で捕まえる。

「菅原大臣の件、リストはかなり信憑性《しんぴょう》が高そうですが、大丈夫ですか？」

菅は階段をゆっくり上りながら、私の顔を見ると余裕の笑みを浮かべた。

「あれは昔に一度、書かれた内容なんだって。大臣になったから、同じ記事を出したみたいだよ。だから心配いらない」

12年前とまったく同じ記事を週刊誌が書くことがあるのか、釈然としない思いを抱きながら、委員会室に入る菅の後ろ姿を見送る。この段階では、官邸は10年以上前の話で、証拠となる音声テープや秘書の証言も存在しないとみて、逃げ切れると計算していたのだ。

予想通り、野党は予算委員会でこの問題への追及を始める。立憲民主党の本多平直《ひらなお》は、「週刊文春」に掲載された贈答品リストを手に、「大臣の選挙区の練馬区の方１１０名、載っているリストがあります」と質《ただ》したが、菅原は「確認をするように、今、指示を事務所にしたところです」と繰り返すばかりだった。

そして、10月15日、審議の場は参議院の予算委員会に移るが、菅原ははぐらかしに終始した。

立憲民主党の杉尾秀哉《ひでや》が質問し、菅原が答弁する。

「(リストの）確認はできましたでしょうか」

「議員会館と練馬の事務所を全て探しましたが、そのいただいたそのリストと、また、この書類等、領収書も見当たらなかったということで事務所秘書から報告を受けております」

「これだけ大量に配っていたら覚えていないはずがないんですけれども、覚えていますか、どうですか」

「そのいただいた資料を見ましたけれども、私の今の認識では、そういう認識はございません」

そして、事務所に資料が見つからないと答弁を続ける。

「その配ったかどうかも含めて、その資料そのものがございませんでしたので、その資料があるかどうかを事務所で確認をいたしたわけでございます」

翌16日の朝、私は国会近くのホテルで菅の朝食に呼ばれた。菅は終始、上機嫌で、予算委員会デビューを果たした小泉環境相の答弁について、「まったく動じないで同じ答弁を繰り返すことができる。大したもんだな」と褒め称えていた。

少しためらいがちに菅原について聞いてみるが、菅はコーヒーを飲み干すと、「菅原は何とか切り抜けたな」と安心した様子を見せた。

しかし、事態は菅の思い通りには進まなかった。10月24日発売の「週刊文春」の続報のタイトルは「菅原一秀経産相『有権者買収』撮った」。写真入りの瞭然《りょうぜん》たるスクープだった。発売前日の昼に出回った記事の早刷りのコピーには、菅原の秘書が選挙区内の斎場を訪れ、受付で丁寧に腰を折り曲げながら香典2万円を手渡している瞬間を捉えた写真が掲載されていた。しかも、撮影されたのは10月17日夕方。つまり、最初の文春の記事が国会で問題になっている最中の出来事だという。〝有権者買収〟が日常的に行われていたことを示す、とどめを刺す証拠だった。

官邸はどう動くのか。私は国会内の廊下に出て、すぐに菅の携帯に電話をかける。

「今週の文春の早刷りはご覧になりましたか？」

「見てない。何が出ている？」

情報が真っ先に入るはずの肝心の官邸が把握していなかったことに驚く。しかし、それどころではない。

「選挙区内で秘書が香典を渡している写真が出ています」

菅が呑気《のんき》に答える。

「でも、時効なんだろ」

「いや、つい1週間前のことなんです」

数秒間の沈黙が流れる。

「分かりました」

小さな声で、それだけ言うと、再び沈黙が流れる。それ以上、何も聞くなという無言の圧力のようだった。

動かぬ証拠を突きつけられた菅原に為す術《すべ》はなかった。それまで「きちんと説明できる」と懇願するように菅にも伝えてきた菅原だったが、24日夜になり、とうとう観念する。

菅原は都内のホテルで向き合った菅に弱々しく、こう告げた。

「判断は官邸に委ねます」

菅はその足で総理執務室へと向かった。その頃、自民党内では緊急で弁護士を交えた検討が行われたが、結論は「法的には厳しい」。野党は菅原が国会で説明をしなければ、25日以降のすべての委員会審議をボイコットすると脅しをかけた。最後は安倍が「仕方ないな」と判断を下した。翌25日朝、菅原は官邸を訪れ、辞表を提出した。経産相という重要閣僚が、就任からわずか1カ月あまりで辞任に追い込まれるという異例の事態となったのだ。

1週間で閣僚2人が……

〝文春砲〟は、これで終わりではなかった。次にターゲットとなったのは、またしても菅に近く、閣僚に抜擢されたばかりの法務大臣の河井克行だった。菅原を辞任に追い込んだ「週刊文春」の編集部には、間髪をいれず、河井に関する内部情報が寄せられていた。文春の精鋭部隊が、地元広島に入り、猛烈な勢いで聞き込み取材が進められる。おのずと、「文春が次は河井を狙っている」との噂が永田町界隈《かいわい》を駆け巡る。ただ、この時点では、自民党幹部も「さすがに大丈夫じゃないか」と楽観を決め込んでいた。

そして、10月29日夜、2日後に発売される「週刊文春」の河井法相に関する記事のゲラを入手する。河井法相が妻・案里の参議院選挙において、選挙活動を行ったウグイス嬢に法定の倍の報酬を払っていたという記事だった。内部情報に基づいた記事であることは明らかだった。参院選で現職の溝手と骨肉の争いを繰り広げたことで、自民党広島県連からも河井夫妻に対する怨嗟《えんさ》の声は尽きることがなかった。

夜9時半過ぎ、赤坂の議員宿舎で番記者たちの夜回り取材を受けた菅は、明らかに憔悴《しょうすい》しきっていて、普段よりも言葉数が少なかったという。そして、記者対応を終えて自室に戻った菅から連絡が入る。

「どんな雰囲気?」

菅にしては珍しく、漠然とした問いかけだった。もちろん、河井の件だとすぐにピンとくる。

「文春のゲラは読みましたが、やはり身内からの情報ですね」

「写真とか出ている?」

菅が気にしていたのは、菅原のときのように、決定的な証拠が出ているのかどうかだった。

しかし、その時点で出回っていた記事のゲラでは、写真の有無は確認できなかった。

「まだ分かりません。でも、記事には『領収書の写しと裏帳簿を入手した』と書いてあります」

「うん」

菅の頷きが重く響く。

翌30日になると、経産大臣の首を獲って気勢を上げていた野党が色めき立つ。立憲民主党の蓮舫《れんほう》副代表は「参院の法務委員会で私が徹底的に追及するから」と息巻いていた。31日には、大臣が出席しなければならない法務委員会が予定されていた。

どう逃げ切るか、自民党・官邸幹部が検討を進める。30日の時点では「案里の事務所の問題には、河井大臣は関知していない」という答弁ラインで逃げ切ろうという方針を固める。しかし、いずれ刑事告発や告訴をされた場合には、法務大臣が被疑者になるという洒落《しやれ》にもならない事態となる可能性も出てくる。また、事情を調べていくと、河井陣営がカネを配ったのはウグイス嬢だけではないことも分かってきた。永田町や地元で河井夫妻を恨む人間は多く、今後も内部リークが相次ぐことも懸念された。こうしたリスクを抱えながら政権運営を続けることはできないというのが、自民党・官邸幹部の一致した意見となった。

31日朝、河井は官邸を訪れ、総理に辞表を提出した。わずか7日間で、重要閣僚2人が辞任するという緊急事態だった。

自民党内からも「案里の擁立をゴリ押しし、溝手を落としてまで当選させたのは菅長官。強引に河井を法相に押し込んだのも菅長官だ。岸田政調会長に大きな貸しを作ったことになるね」と菅の責任を問う声が上がっていた。

この夜、菅は番記者たちに対し、「権力の重圧とはこういうものだ」と強がってみせたものの、その眼光にはいつもの鋭さはなかった。

「桜を見る会」問題の誤算

河井の辞任翌日の11月1日、萩生田光一文科大臣は、2020年度から始まる予定となっていた大学入学共通テストへの英語民間試験の導入見送りを発表する。試験を受けられる場所が限定され、しかも受験料が高額なことから、現役の高校生たちから「不平等だ」との批判の声が上がり、野党側も中止を強く要求していた。政権として、巻き起こる批判を正面から受け止め続ける体力はなかった。

そうした中、政権の土台を揺るがす問題が静かに忍び寄っていた。最初は政権の誰もが「大した問題にはならない」と高をくくっていた、毎年春に開かれる総理大臣主催の「桜を見る会」をめぐる問題だった。

この問題が最初に浮上したのは、この年の5月。共産党の宮本徹衆院議員が決算行政監視委員会で、桜を見る会の予算の支出額が年々増加し、前年度は当初予算額の3倍にまで膨らんだことを取り上げた。しかし、当時は「老後資金2千万円問題」などが国会論戦の焦点となっていて、メディアの注目度も低かった。このことも官邸を油断させる一因となった。

そして、火を点けたのはそれから半年後の11月8日、共産党・田村智子参院議員の予算委員会での質問だった。この日の田村の質問は、共産党の機関紙「しんぶん赤旗」の緻密な調査報道で得た情報をベースとしたもので、多くの野党議員が週刊誌の記事だけを基に質問に立つ中で、異彩を放つものだった。

開口一番、田村は安倍総理に対して舌鋒《ぜっぽう》鋭く迫る。

「安倍内閣のモラルハザードが問われていますが、私は総理自身の問題を質問いたします」

田村は一つ一つ外堀を埋めるように質問を重ねていく。

「毎年4月、総理大臣主催の桜を見る会が新宿御苑《ぎょえん》で行われていますが、安倍総理の下で参加者数、支出額が年々増えています。（中略）なぜこんなに参加者と支出額を増やしてきたのですか」

安倍の代わりに事務方が答弁する。

内閣府官房長「例えばテロ対策の強化や混雑緩和のための措置などの近年に講じた改善点を反映させるなどいたしまして、実態に合わせた積算をさせていただきました。（中略）それから、招待者等が増えている理由でございますが、こちらにつきましては、桜を見る会においては、例えば外交団、国会議員、都道府県知事、議長を始め、各界において功績、功労のあった方々をこれは各省庁からの意見等を踏まえ幅広く招待をしております。そして、その上で内閣官房及び内閣府において、最終的に取りまとめるところでございますが、そうした結果といたしまして、こうした招待者、参加者が増えているということでございます」

官僚らしい四角四面の答弁にも、田村は表情を崩さない。

「皇族とか各国大使、また議会関係や地方議会関係、行政関係、この辺りは年々増えるってあり得ないんですよ。内閣府に聞きましたら、推定だが２千人くらいでほぼ固定的だというんですね。そうすると、一番下、その他各界の代表者等、これが増えたということだと思うんですが（中略）、その等も含めて、これはどういう方々で、一体どうやって招待する人を決めるんですか」

内閣府官房長「その他各界の代表者等の等でございますが、これ、まさしくその各界において功績、功労のあった方を、幅広く招待できるよう等を付けているというものでございまして、何か特定の分野ですとかカテゴリーを想定しているものではございません。まさしくこういったようなことも含めまして各省庁から幅広く御推薦をいただき、最終的に私ども内閣府、内閣官房において取りまとめているところでございます」

想定通りの答弁だったのだろう、田村がニヤリとしながら右手を高く挙げる。

「開催要領には、計約1万人なんですよ、招待範囲。当然各府省はこれを念頭に入れて功労、功績のある方を推薦しているはずで、事実、安倍総理より前は大体1万人前後なんですよ。なぜ1・8万人にもなるのかということです。桜を見る会に参加した皆さんはインターネットで、その模様をたくさん発信していただいているので、見てみました」

そう言うと、自民党議員たちのインターネットでの書き込みを読み上げていく。

「稲田朋美《ともみ》、日々の活動報告、平成26年4月12日、桜を見る会。地元福井の後援会の皆様も多数お越しくださり、大変思い出深い会になりました。これ、当時、規制改革担当大臣。

世耕弘成《せこうひろしげ》後援会ニュース、2016年新年号。桜を見る会にて、地元女性支援グループの皆さんと、これ写真が載っています。当時、官房副長官」

田村が紹介した中には、「選挙のウグイス嬢の皆さまを招待した」などという記述もあり、明らかに内閣府の言う「功労・功績のある人物」とは一致しない招待基準があることを滲ませていった。

外堀を完全に埋めると、田村は矛先を本丸に向ける。

「総理、つまり、自民党の閣僚や議員の皆さんは、後援会、支援者の招待枠、これ自民党の中で割り振っているということじゃないんですか」

安倍は背広の上着のボタンを留《と》めながら立ち上がり、答弁席に立つ。

「桜を見る会については、各界において功績、功労のあった方々を各省庁からの意見等を踏まえ幅広く招待をしております。招待者については、内閣官房及び内閣府において最終的に取りまとめをしているものと承知をしております。私は、主催者としての挨拶や招待者の接遇《せつぐう》は行うのでありますが、招待者の取りまとめ等には関与していないわけであります」

森友学園問題が泥沼化するきっかけとなった「私や妻の関与はない」という答弁を思い出させる、強い口調での断言だった。

この答弁を受けて、田村が次に読み上げたのは、安倍の地元、下関市選出の山口県議のブログだった。

「安倍首相が主催する桜を見る会に行ってまいりました。今回は私の後援会女性部の7名の会員の方と同行しました。早朝7時30分にホテルを出発し貸切りバスで新宿御苑に向かい、到着するとすぐに安倍首相夫妻との写真撮影会。安倍首相には長く政権を続けてもらい、今後もずっと桜を見る会に下関の皆さんを招いていただきたい」

得意満面で田村が切り込む。

「総理、総理御自身も地元後援会の皆さんを多数招待されているんじゃないんですか」

安倍が億劫《おっくう》そうに答弁席に立つ。

「例えば地元において自治会等々で、あるいはＰＴＡ等で役員をされている方々もおられるわけでございますから、当然そういう方々とこれは後援会に入っている方々がこれは重複することも当然あるわけでございまして、そういう中で招待されているものと承知をしております」

あくまでも功労・功績があった人たちのみを招待したと主張した安倍だったが、明らかに苦しい説明だった。

国会は桜一色に

共産党が火を点けたこの問題に便乗するかのように、野党各党が動き出す。野党の国会対応を司《つかさど》る立憲民主党の安住淳《あずみじゅん》国会対策委員長は、代表の枝野幸男《えだのゆきお》に「この問題に絞って追及していくから了承してくれ」と伝える。安住は、桜を見る会は、安倍に直接つながる問題であり、「税金の私物化」や「お友達優遇」は森友・加計問題に相通じるものがあるとにらんでいた。そして、桜を見る会はマスコミにも公開された行事であり、安倍と芸能人が楽しそうに交流する様子が映像に残されていることもポイントだった。

「映像的に面白いこの問題は、国民の反感を買う。ワイドショーも食いつくだろう」という計算も働いた。

11月11日の夕方、野党各党との国対委員長会談を終えた安住は、記者団を前に「桜を見る会追及チーム」を立ち上げることを発表する。そして、宣戦布告の気炎を上げた。

「総理自らそんなことを私物化して、もしやってたら、辞職せざるを得ないんじゃないですか？　異常なことだと思いますよ」

この翌日から、野党は国会で文字通り桜一本に絞った追及キャンペーンを開始する。そして、それに合わせるかのように、各メディアの取材で新たな事実が次々に判明する。地元・山口では、安倍晋三後援会の会員には、安倍の事務所から直接、「桜を見る会・参加申込み」の文書が届いていた。そこには、「後援会の会員の家族、友人、知人は申込書をコピーしてご利用ください」などと書かれており、安倍後援会の関係者やその知り合いであれば、誰でも桜を見る会に参加できたことが一目瞭然だった。招待客の数が膨れ上がった理由が、ここにあることは間違いなかった。そして、野党が注目したのは、桜を見る会の前日に、安倍晋三後援会が主催して開いていた〝前夜祭〟だった。都内の一流ホテルで開かれたこの会の会費が5千円だったことから、野党側は安倍事務所から費用の補塡《ほてん》があった可能性があると見たのだ。それが事実であれば、安倍自身が政治資金規正法や公選法違反に問われることにすらなりかねない。まさに、それこそが野党の狙う本丸だった。

しかし、官邸は当初、この問題を完全に甘く見ていた。菅は周辺に「桜を見る会は大したメシが出るわけでもないし。花見に来たい人はどうぞ、みたいな感覚の会なんじゃないのかな」と語るほど楽観視していた。他の官邸幹部も記者に対し「程度問題でしょう。あれで集中審議をやる、というのは野党の先生方もご冗談でしょう、という感じだな。あなた方の上司だって随分来てるじゃないですか」と語った。マスコミ幹部も多数招待される桜を見る会について、批判的な報道がされるとは露ほども考えていなかったのだ。

だが、鼻息を荒くしているのは野党だけではなかった。政権に批判的な新聞各紙はもちろん、テレビ各社がニュースやワイドショーでこの問題を大きく取り上げ始めたのだ。この年の後半には、前述の通り閣僚の政治とカネの問題や、関西電力の「金品受領問題」などが政権を揺るがしていたが、〝桜〟問題はテレビが飛びつきたくなる単純明快な構図で、視聴者の怒りを呼ぶ格好の材料だったからだ。

こうしたマスコミや野党の盛り上がりにもかかわらず、菅は会見で「あくまでも功労・功績のあった方々を招いている」と木で鼻をくくったような回答を繰り返していた。しかし、これでは守り切れるはずがない。明らかに防衛ラインの引き方を誤っているとしか思えなかった。

12月13日午後の会見で、菅は翌年の桜を見る会を中止することを発表する。その夜、自民党議員と麻布十番のイタリア料理店で会食をしていると、菅からの着信が入ったので、慌てて店の外の非常階段に出て行く。

「良かっただろ？　きょうの判断は」

開口一番、菅は翌年の会を中止したことの評価を聞きたがった。

「はい、中止決定は良かったと思います。ただ、与党も野党も役所も、全員、総理や政治家の『招待枠』があるのを分かっているのだから、それは認めた方が良いのではないですか？」

「野党も分かっていてやってるんだよ。だから、俺は会見でも『民主党政権でも』って言ってやっただろ。結局、慣行でずっとやってきたことなんだよ。それで長期政権になると、一回呼んだ人はまた呼ばないといけないから、どんどん増えていってしまう。そうなっちゃうんだよ」

招待客が増加したのは、長期政権になったせいだという新しい言い分だった。しかし、私にとってより深刻に思えたのは、安倍の政治資金の問題だった。ここに不正があれば、政権は一気に倒れる。

「総理のカネの問題は大丈夫ですか？」

「全然問題ない。総理のところにまったく経由していないんだよ。直接やっていない。

旅行会社に全部納めてもらっているから。だから関係ない」

「でも、ホテルのパーティーは会費5千円では難しいのでは？」

「いやいや、食事分だけだからね。宿泊とかは入ってないからね。800人もいるのなら、5千円というのは妥当だよ」

「そんなものなのですかね？」

「多く呼べば安くなるんだよ。うちだって6千円で飲み放題をニューオータニでやってるよ。もう、この問題は終わっただろ」

自信満々の言葉だった。

「野党はまだやる気ですが？」

「問題にしたければ、問題にすれば良いよ」

「総理はきちんと説明した方がいいと思いますが？」

「総理は、きょうぶら下がりをやったでしょ」

「でも、招待の基準の話で、前夜祭の話は説明していない」

「それは『適正な価格でやっている』ということだけでしょ。そんなの総理に関係ない話だから」

「それをはっきり言った方が良いのでは？」

「だって、まったく関係ないから。会費を払っていると書いてあったじゃん」

「収支報告書に書いてない件は？」

「うちもやってることだよ。後援会を通さないで直接やる。そうしたら政治資金収支報告書が関係なくて、面倒くさくなくて良いから」

菅は、翌年の会を中止にすることで、問題を幕引きできると思っていたのだろう。しかし、この甘い見通しが、政府の後手後手の対応につながり、政権へのダメージを深刻化させることになる。

安倍も15日には官邸のエントランスで突然、ぶら下がり取材に応じ、約20分間にわたって質問に答える異例の対応を行った。前夜祭については、費用は、あくまでもすべて参加者が負担し、夕食会を主催する安倍後援会には収支が発生していないため、収支報告書に記載する義務はなく、「政治資金規正法違反にはまったくあたらない」と疑惑を否定した。しかし、夕食会の費用をホテル側が示した明細書は「事務所に確認したが存在しなかった」と説明するなど、明確な証拠は欠けていた。

そして、安倍の総理大臣としての通算在任日数が、桂太郎を抜いて歴代単独1位となった11月20日という記念すべき日の朝、官邸に姿を見せた安倍は、再び記者団のぶら下がり取材に応じる。

「デフレからの脱却、また最大の課題である、少子高齢化への挑戦、戦後日本外交の総決算、そして、その先には憲法改正もあります。これからも、チャレンジャーの気持ちで、令和の時代、新しい時代をつくっていく。そのための挑戦を続けていきたいと思います」

歴史に名を残したことへの高揚感だろうか、言葉にいつも以上に力が入る。しかし、間髪をいれずに記者から発せられた二つ目の質問を聞くと、その表情が一気に陰る。

「桜を見る会や前夜祭については、説明責任を果たされたとお考えでしょうか」

歴代最長内閣を達成した晴れの日が、皮肉にも長期政権の驕《おご》りに起因する〝桜〟問題でかき消されたのだ。

この日の衆議院の内閣委員会に出席した菅は、桜を見る会の招待者の内訳を公表し、総理大臣のほか、副総理と官房長官らの推薦が各約1千人、自民党関係者の推薦が約6千人だったと「推薦枠」の存在を認めた。そして同日、参議院の本会議で答弁に立った安倍は、招待客について「自身の事務所から相談を受ければ、意見を言うこともあった」と述べる。「関与がなかった」というこれまでの答弁を、事実上、覆すものだった。

その後も、共産党議員が桜を見る会に関する資料要求をした5月9日当日に、内閣府が招待者名簿をシュレッダーで廃棄していたことや、大勢の被害者を出したマルチ商法の元会長ら反社会的勢力が招待されていたことなど、次から次へと新たな疑惑が降って湧いてきたのだ。

そして、月が変わり12月に入ると、追及のターゲットは菅に移る。臨時国会も終盤に入り、野党は安倍が出席する予算委員会の審議を求めてきたが、政府与党はそれを拒否し続けた。代わりに日々の記者会見に臨む菅が追及の矢面に立たされることとなったのだ。

12月4日の記者会見では、桜を見る会の招待者名簿のバックアップデータが焦点となった。菅は、招待者名簿は紙の文書としては廃棄されたものの、電子データのバックアップは廃棄後も残っていたことを明らかにした。ところが、このバックアップデータについては、行政文書に該当しないため、情報公開請求の対象にはならないというのだ。明らかに苦しい説明だった。

「内閣府の答弁には問題がないという認識か」

「国会議員の資料請求にも応じないのか」

記者からの集中砲火に、菅は何度も答弁に窮し、「ちょっとお待ちください」と媚びるような苦笑いを浮かべた。この1回の会見で、秘書官から答弁メモが差し入れられた回数は11回。こんなことは、これまでの記者会見で一度もなかった。この日を境に、菅の長官会見の様子は一変する。朝日新聞、毎日新聞、北海道新聞の長官番記者が、連日、〝桜〟関連の質問を徹底的に行うようになったのだ。森友・加計問題で菅を質問攻めにした東京新聞の望月衣塑子《いそこ》記者が、増殖したような有様だった。メモを自信なさそうに読み上げ答弁する菅の姿がクローズアップされることが増え、メディアやネットでは「鉄壁のガースーが崩壊」、「実は危機管理が得意ではなかった菅氏」などと辛辣《しんらつ》な批判が浴びせられた。菅の異変に、与党内からも「菅さんは、もう終わったな」との声も上がり始めていた。

この数日後の夜、赤坂の中華料理店の個室に現れた菅は私の顔を見るなり、こうぼやいた。

「俺は桜を見る会なんて、興味もないし、ほとんどタッチしてなかった。バックアップデータのシステムだって、まったく知らないことばかりだった。でも、自分が責任者だと言わないと、役所が責められるだけだからな」

この日の菅は、明らかに疲れ切っていた。言葉数も少なく、桜を見る会の話題は明らかに避けていた。野党各党は、菅の辞任を要求する方針で一致し、年明けの通常国会でも追及を強める方針を固めた。

懐刀のスキャンダル

さらに菅に追い打ちをかける事態が起きる。またしても「週刊文春」のスクープだった。12月12日発売号でターゲットとなったのは、ある意味で菅原や河井のそれよりも菅にとっては打撃となるスキャンダルだった。

冒頭グラビアを飾る1ページ大の写真には、テーブルに向かい合わせに座る中年男女の姿。ワイシャツ姿の男性が差し出したスプーンに、口を開けたまま身を乗り出す女性。「政権中枢のアーン」とタイトルをつけられた写真に写し出されていたのは、内閣総理大臣補佐官の和泉洋人《いずみひろと》と厚労省大臣官房の女性幹部。2人が揃って公私混同の京都出張に赴《おもむ》いていたという記事だった。

和泉は「総理補佐官」という肩書きだが、実際には第2次安倍政権が発足した際に、菅の推薦で任用された〝菅付き〟の補佐官だった。和泉は住宅局長などを歴任した元国土交通省の官僚で、横浜市出身ということもあり、菅とは、菅が衆議院議員として初当選したときからの付き合いだった。

官邸の関係者が和泉について解説する。

「和泉さんは菅さんが手がける政策は、すべて実務的に右腕として仕切って実行している。沖縄の基地問題から、ＩＲ（カジノを含む統合型リゾート施設）、観光政策まで、すべて和泉さんを使っている。そして、官僚の人事についても、菅さんはすべて和泉さんに助言を求める。だから、霞が関が最も恐れているのは和泉さんなんだよ。小さい菅長官みたいなものだ。安倍・菅に続いて官邸で三番目に権力を握っているのが和泉さんだ」

それだけではない。菅にとって和泉は選挙を戦う上でも欠かせない存在だった。菅が力を入れる選挙区には、必ず和泉が入り、地元の建設業界や住宅業界、港湾業界を動かすのがその役回りだった。国交省の官僚として築いてきた業界へのパイプを存分に活かし、選挙への動員を図っていく。政策・人事・選挙と、菅の力の源泉を和泉は陰ながら支え続けてきたのだ。

懐刀のスキャンダルに、さっそく記者会見で菅が追及を受ける。

「週刊誌で、和泉補佐官の公費の出張での公私混同が指摘されているが、長官の認識は？」

「和泉補佐官からは、今回の出張は公務として出張手続を取った上で出張しており、午後の京都市内での移動は私費で支払われており、適切に対応しているというふうに聞いております。私自身からは、報道の後、和泉補佐官に対して、報告を求めました」

記者からの質問が相次ぐ。

「問題ないという認識か？」

「報告を求めた結果、公私はしっかり分けていたということでありました」

野党も黙ってはいなかった。「週刊文春」が、和泉が海外出張に行った際に、女性幹部とコネクティングルームで宿泊した疑惑を報じると、国会への和泉の参考人招致を要求するなど、追及を強めていく。官邸内からも「和泉を更迭すべき」との声が大きくなっていく。

菅は周辺に対し、「男女関係は本当になかったみたいだ」と和泉をかばってみせた。菅にとって、右腕とも言える存在の和泉を切るわけにはいかなかった。

しかし、菅の側近は、和泉の記事を見た菅が、「何なんだよ」と一言、力なく弱音を漏らす姿を目撃していた。この側近によると、菅は、一連の「週刊文春」によるスキャンダル報道は、官邸内部からのリークによるものだと考えていた。そして、リークの犯人と見ていたのは、安倍に近い官邸官僚だったという。官邸関係者は背景をこう分析した。

「この9月に総理秘書官から異例の昇格をした今井尚哉総理補佐官や、警察庁出身で前内閣情報官の北村滋《しげる》国家安全保障局長ら安倍総理に近い官邸官僚は、2021年9月に安倍総理が退任した後は、岸田さんが総理になることを望んでいます。岸田政権になれば自分たちは官邸に残れると思っているのです。だから、彼らにとって、目の上のたんこぶになっているのが令和発表以降、存在感を高めつつあった菅さんだったのです」

今井や北村ら安倍に近い官邸官僚にとって、岸田政権への大きな一歩となるはずだった〝岸田幹事長〟の実現を土壇場《どたんば》で阻《はば》んだ菅は許せない存在となったという。7年間にわたって一丸となり、安倍を支え続けてきた〝チーム安倍〟が、退任まで2年を切る中で、バラバラに瓦解《がかい》し始めていたのだ。

菅の側近は、菅と2人きりになったときに、こんな質問をぶつけた。

「週刊誌で波状攻撃のように、長官への攻撃が続いていますね。これは野党が裏で動いてできることではないですよね？」

菅は、静かに言い聞かせるようにつぶやいた。

「当たり前だろ。岸田を担ぎたい奴がやっているんだよ」

年の瀬も押し迫る中、菅は珍しく弱気になっていた。年末年始に恒例となっていた新聞やテレビでのインタビューは、すべて秘書官から断りを入れさせた。

「メディアから逃げたい。どうせ追及されるだけだろう」

相次ぐバッシングに菅は意気消沈していた。

第3章　安倍総理との亀裂

２０２０年に入ると、コロナ対応をめぐり安倍側近の官邸官僚が重用され始め、菅は安倍への不信感を強めていく。菅は官房長官退任も視野に入れ始めるが、官邸官僚の施策がことごとく失敗し、菅は再び官邸内で存在感を取り戻す――。

幸先悪いスタート

東京五輪を迎える２０２０年のスタートも、菅にとっては試練続きとなった。年末には、菅を中心に、政権が推進してきたＩＲをめぐり、参入を目指した中国企業から現金３００万円と家族の旅行費70万円相当の賄賂《わいろ》を受領したとして、東京地検特捜部が収賄容疑でＩＲ担当の内閣府副大臣だった自民党の衆院議員、秋元司《つかさ》を逮捕した。ＩＲをインバウンド戦略の柱と位置づける菅にとって、大きなダメージとなる事件だった。

また、桜を見る会をめぐっては、１月10日の記者会見で、菅がこれまで「ルールにのっとって適切に保存・廃棄されている」としてきた招待者名簿について、一部に公文書管理法に違反する取り扱いがあったことを認めた。当初は対応に自信を持っていたこの問題で、菅が公文書管理に不手際があったことを認める事態が次々に発生していく。

そして、菅が頭を抱えることになったのが、河井夫妻をめぐる事件だった。1月15日、ついに検察が公選法違反容疑で、広島市内にある夫妻の事務所に家宅捜索に入ったのだ。検察が河井夫妻の逮捕に向け、本格的な捜査に乗り出していることは明らかだった。

1月20日に召集された通常国会で、野党はさっそく、これらの問題で、政府与党への攻勢を強めた。すべての問題に絡んでいる菅が追及のターゲットとなり、立憲民主党の国対委員長、安住淳は「菅のクビを獲る」と意気込んだ。

世論の菅に対するイメージは悪化していく。2月に行われた共同通信社の世論調査では、次の総理にふさわしい人物として、菅の支持率は2・1%と急降下。岸田や野田聖《せい》子《こ》元総務大臣の後塵《こうじん》を拝し、8位に沈んだ。菅が国民的人気を得ることになった、あの令和発表から1年を待たずして、菅はポスト安倍レースから脱落しようとしていたのだ。

〝河野・小泉・菅〟で20年

この頃、菅はポスト安倍についてどのように考えていたのか。私は何度となく話を聞く機会を持ったが、菅が強めていたのが、政調会長である岸田への対抗意識だった。

年が明けてすぐに、新年の挨拶を兼ねて、菅本人にアポイントメントを入れると、1

月５日の日曜日に国会近くのホテルで昼食をとることになった。私は午前中にすぐ近くの日枝《ひえ》神社で初詣《はつもうで》を済ませ、レストランの個室で菅を待つ。そこに紺のジャケットに薄い色のパンツという休日スタイルの菅が姿を現す。

「今年もよろしくお願いします」

私が立ち上がり頭を下げると、菅はニヤッと笑い、右手を軽く挙げ、向かいの席にさっと腰を下ろす。そこで菅が珍しく饒舌に語ったのは年末のＢＳ番組に出演した岸田についてだった。

「岸田さんに驚いたのだけど、ＢＳフジの番組で『総理になって何をやりたいか』と聞かれて、『人事です』と答えたんだよ。その番組では他にも『役人を大事にする』とか言っていたでしょ。そんなのは当たり前のことなんだから。だけど、役人が方向性を間違ったら、それを正すのが政治なんだから。何もやらない、と言ってることに等しいよね」

一気に話すと、こう強調した。

「いま、日本に改革をやらないような人を総理にする余裕はないよ。やるべきことは分かっているんだ。社会保障でもなんでも、やるかやらないかなんだ」

菅にとって、安倍が岸田に総理の座を禅譲《ぜんじょう》しようとしていると、永田町でまことしやかに語られていることが我慢ならなかったのだろう。改革をできない岸田に日本の舵取りを任せるわけにはいかないという強い思いが菅を支配していた。

「本当に総理は岸田さんを後継指名する気があるんですか？」

菅が首を横に振る。

「それをやっちゃったらおかしくなるよ。後継指名なんてするべきではない。みんなに支えてもらっているんだから」

だとしたら残る有力候補は、党内にいながら反安倍の姿勢を取り続けている元幹事長の石破茂なのか。世論からの石破の人気は相変わらず高かった。

「岸田さんで石破さんに勝てると思いますか？」

運ばれてきたレストラン名物のパーコー麺をすすると、私の目をにらむように見つめた。

「勝てないだろう。総裁選は、次の総選挙の直前だからね。そうすれば絶対に石破さんになる」

安倍総理の自民党総裁としての任期は２０２１年9月まで。衆院選の目前に総裁選をやれば、国民人気が高い石破が勝つだろうという読みだった。しかし、安倍が石破だけは総理にさせたくないと思っているのは、永田町では周知の事実だった。

「では、長官はどうするのですか？」

そう聞くと、一瞬、考え込む。

「状況だよね……」

「石破総理になることはあり得る？」

「このまま行けば、可能性はあると思う」

「石破さんも良い総理になる可能性はある？」

「選挙用でしょ。岸田さんよりは遥《はる》かに選挙は強いでしょ。答弁もきちんとできるし」

そう話すと、少し間を置いて、菅が小声で秘策を語り始める。

「進次郎と俺と河野太郎と3人で定期的にメシ会をやったらどうなると思う？」

自民党きっての人気者である小泉と、防衛大臣に横滑りして頭角を現し始めた河野。そして菅。その取り合わせは意外性もあり、永田町に与えるインパクトは十分だった。

河野は麻生派に所属しているが、麻生は次の総裁選で岸田を推すとみられていた。菅は、小泉と組んで、河野を担ごうという策を描いていたのだ。

驚きの策ではあったが、菅自身には出馬の意欲はないのか。むしろ、小泉・河野が菅を担ぐという構図にはならないのか。

「その3人で組めば、誰が上に立っても良いのではないでしょうか？」

「いや、やっぱり河野にやらせるよ」

「小泉さんは、少し早いですか？」

「うん、彼は勉強した方が良いと思うよ」

「河野さんが総理になってやりたいことはあるのでしょうか？」

「彼は改革をやるということは間違いないから」

菅は〝河野・小泉〟という2枚のカードを自身の切り札として温めていたのだ。

この頃、菅はある女子高で講演を予定していた。高校生からの想定質問を準備していた事務方が菅に尋ねた。

「『次の総理を目指すのですか』という質問には、いつもの通り『まったく考えていません』という答えでいいでしょうか」

すると菅は、ニヤッと笑ったという。

「『俺と河野と小泉で20年はできます』と答えたら、みんなびっくりするだろうな」

岸田に総理をさせないためにどうするのか。この頃の菅の答えは〝河野総理〟構想だったのだ。

新型コロナウイルスという激震

２０２０年、世界は予想もしていなかった危機に陥る。前年の11月に中国湖北省・武《ぶ》漢《かん》市で「原因不明のウイルス性肺炎」として最初の症例が確認された新型コロナウイルス。武漢市内から瞬く間に中国全土に感染が拡がり、そして世界へと拡大していく。１月16日には日本で初めての感染者が確認された。１月30日には世界保健機関（ＷＨＯ）

が「国際的に懸念される公衆衛生上の緊急事態（ＰＨＥＩＣ）」を宣言する。

官邸関係者は、当初、「これで安倍政権が得意な危機管理のフェーズになる。不謹慎だけど桜を見る会はこれで吹き飛ぶな」と語った。厚労省も当初は、「人から人への感染の可能性は低い」などと楽観的な見方を示していた。しかし、この見方が甘かったことがすぐに判明する。

年間９００万人以上の中国人観光客が訪れる中、日本政府として、いかに水際でウイルスの侵入を食い止め、国民の生命を守るのか、重大な危機管理の局面を迎えることになる。都市封鎖された武漢市へは、政府が史上初めて「感染症の拡大」を理由とするチャーター機派遣を行い、1月29日の第一便を皮切りに、計5便の派遣で日本人とその配偶者ら約８３０人を救出して帰国した。

国内ではマスクが品薄となるなど、パニック状態が広がる中、日本を訪れた一隻の大型客船がさらに混乱に拍車をかける。

イギリス船籍のクルーズ船「ダイヤモンド・プリンセス号」は、1月20日に日本の横浜港を出港、香港、ベトナム、台湾、沖縄などを周遊して、2月３日に横浜港に帰港する行程だった。ところが1月25日に香港で下船した乗客が、下船後に発熱、新型コロナウイルスに感染していたことが判明したのだ。

船内での感染拡大の可能性が懸念される中、2月３日に船は横浜港に入港した。その直後から、感染が疑われる症状がみられる乗員・乗客に対しＰＣＲ検査を実施したが、菅は翌日夜に秘書官から入った報告に耳を疑った。

「長官、大変なことになりました。検査をした31人中、10人の陽性が確認されました」

クルーズ船には世界56カ国・地域から来ている３７００人もの乗員・乗客が乗船していた。その3分の1が感染していたとしたら大変なことになる。しかも、乗客の大多数は70歳以上の高齢者だった。

こうなると菅の決断は早い。

「今からやろう」

すでに夜10時を過ぎていたが、担当秘書官に連絡し、すぐに厚生労働大臣、国土交通大臣に加え、内閣危機管理監や防衛省幹部などを呼び出し、極秘裏に都内のホテルに集合させたのだ。深夜零時から始まった会議で議論となったのは、乗員・乗客を早期に下船させるかどうかだった。問題は、上陸させた場合に一定期間の隔離が必要となるが、受け入れ先となるホテルなどの確保は望めそうもないことだった。

そこで、菅はすでに症状のある人や重症化する可能性が高い高齢者から優先的に船内でＰＣＲ検査を実施し、陽性が判明した人から下船させ、病院に搬送するように指示した。しかし、多くの乗員・乗客は船内に残ることになり、海外メディアはクルーズ船を「海に浮かぶ監獄」などと呼び、批判的な報道を繰り広げた。

官邸でも、「コロナ対策連絡会議」は連日開かれていたが、そこでは各省がそれぞれ報告を行うだけで、問題にどういう対処が必要で、どのように分担してやるかなど、実務的な議論は行われていなかった。だからこそ菅は、翌日以降も、都内ホテルでの深夜の〝実務者〟による会議を連日続け、具体的な課題を一つずつ潰していった。船内での生活支援や消毒、搬送業務に加え、ＰＣＲ検査を進めるために自衛官の派遣を決定し、のべ２７００人が活動に当たった。

船内での医師不足も深刻だった。菅が船に派遣する医師を倍増させるよう指示すると、厚労省の担当者は「医療の現場に制約がありまして」と躊躇《ちゅうちょ》した。しかし、菅は一蹴した。

「何を言ってるんだ。人命が第一だろ！」

他にも船内でストレスを抱える乗客のために、総務省の幹部に命じて、船内に十分な数のＷｉ－Ｆｉの基地局を設置させるなど、菅ならではのきめ細かい対策も取られた。巨大クルーズ船内での感染症拡大という未曾有《みぞう》の事態に、菅が司令塔となって関係省庁をまとめ、対応に当たった。結果として、船内の感染者は７００人以上、死者も13人に上り、政府の対応に対する国内外の批判は高まった。しかし、この対応をそばで見ていた秘書官は、「長官は全省庁を束ねて、リスクを取って動いた。長官が対応に乗り出していなかったら、事態はもっと悪化し、長引いていただろう」と断言した。

菅の〝逆襲〟

2019年秋から数カ月にわたって守勢にまわってきた菅だが、周辺は、このクルーズ船問題での危機管理を経て、「再びアドレナリンが湧いてきた」と証言する。

実際に、菅は2月中旬に側近に対し、こう宣言した。

「4月以降、逆襲をしようと思う」

それまで控えてきたメディアへの露出を再開させ、5月には前年と同様に訪米することを指示したのだ。さらに、もう一つ、菅がひそかに指示したのが、初めての訪中を7月に行うという計画だった。建前上は、拉致問題担当大臣として、北朝鮮に影響力を持つ中国との協議を行うということだったが、実際の狙いは、訪中して習近平《しゅうきんぺい》国家主席との会談を実現することで、自らの政治的な求心力をもう一度、取り戻そうというものだった。結局、新型コロナの感染拡大で実現することはなかったが、準備は秘密裏に進められていた。

3月に入ると、日本のクルーズ船での感染対策を批判していた欧米諸国で感染が爆発していく。3月1日には、フランス・パリのルーブル美術館が、新型コロナウイルスの影響で急遽《きゅうきょ》閉鎖される。また3月11日には、欧米での感染拡大を受けて、トランプ米大統領がイギリスを除くヨーロッパ全域からの30日間の入国停止措置などを発表する。そして同日、WHOは新型コロナの感染拡大について、世界的な大流行を意味する「パンデミック」にあたると表明した。

3月23日、私は港区のホテルの中のレストランで、久しぶりに菅と顔を合わせた。菅は席に着くなり、注文した炭酸水を飲み干すと、ホッとした表情を見せた。

この日、政府は、感染拡大が進むアメリカからの入国者を、2週間の隔離を要請する入国制限措置の対象に追加することを発表していた。

「全部出尽くした感じはするよね。アメリカとの関係をすごく気にしていたけど、もう入国制限も当たり前になっちゃったよね。日本は長引いても4月いっぱいでコロナは収束するんじゃないか」

さらに、安倍総理はこの朝、東京オリンピック・パラリンピックについて「完全な形での実施が困難な場合、延期の判断も行わざるを得ない」と述べ、延期も容認する考えを初めて示した。

「五輪はやはり延期ですか？」

「どうなるかね。延期になることは間違いない。でも、延期になる期間というのはまだ決まっていない。本当は秋にやるのが良いけど、1年延期するのが良いと思っている」

「7月開催の可能性はもうないですか？」

「もう難しい。ヨーロッパがあの状況だからね。中止というのだけは日本として避けたい」

五輪が延期になると、永田町の日程にも影響が及ぶ。

「五輪延期となると政局的に影響が大きいですね」

「そうだね。衆院の任期は2021年10月か？　1年延期だとオリンピック・パラリンピックはその年の9月までか。そうなると大変だな」

「延期になればこの夏に総選挙ができるのでは？」

「そんなのはない。五輪前に総理が辞めるはずがない」

菅は安倍が解散を決断した場合、衆院選で負けるリスクがあると見ていた。

「でも、この夏に総選挙をやっても負けないのでは？」

「いや、それはそう簡単ではない」

五輪のスケジュールは、安倍の退任時期にも関わってくる。

「総理は五輪への思い入れは強いのですか？」

「1年延期だったら、自分でやりたいだろ」

「2年延期だったら？」

「2年だったら任期に入らなくなる。そうしたら解散するしかない」

「それで4選を目指すのでしょうか？」

「そう。総選挙に勝ってしまえば、国民の声に推されるということだからね」

「長官はずっと『総理は4選しない』と言ってきた。それは変わっていないですか？」

「変わってないよね。総理は疲れているよ。そりゃ、疲れるよね」

私は、その当時、週刊誌などで取り上げられていた安倍と菅のすきま風について、尋ねた。

「最近、安倍・菅の仲が悪いと書かれていますが？」

「あれ、なんでだろうな。目も合わせないとかな。一日に2〜3回は会ってるんだよ」

こう語りながら、安倍に近い官邸官僚が、週刊誌に不仲説を書かせているのではないかという不信感を覗かせた。

一斉休校での〝菅外し〟

菅の官邸官僚への不信感は、日に日に高まっていく。そのきっかけは2月27日までさかのぼる。この日、官邸で行われた新型コロナウイルス感染症対策本部で、安倍はこう宣言した。

「多くの子どもたちや教職員が、日常的に長時間集まることによる感染リスクにあらかじめ備える観点から、全国全ての小学校、中学校、高等学校、特別支援学校について、来週3月2日から春休みまで、臨時休業を行うよう要請します」

全国の学校への一斉休校要請だった。この時点では、まだ感染は全国的な蔓延《まんえん》という状態ではなく、感染者が1人も出ていない地域の学校まで休校にすることは、多くの国民に唐突な発表と受け止められた。しかし、唐突さを感じていたのは国民だけではなかった。文科大臣の萩生田光一や、菅にとっても寝耳に水だった。当日に一斉休校を知った萩生田が、再考を促すために安倍に直談判する。しかし安倍は、「もう決めたから」と聞く耳を持たなかったという。一斉休校を進言したのは総理補佐官の今井尚哉だった。前日の26日に北海道の鈴木直道知事が発表した全道での休校要請が好評だったことを知り、安倍にこっそりと耳打ちをしていた。サプライズを演出するために、閣僚や自民党にすら事前の根回しをせずに発表するという、今井が好む手法だった。そして、この決定は、政府の危機管理対応の中心が菅から今井に移っていたことを、知らしめることになった。相次いだ閣僚スキャンダルや「桜を見る会」問題での対応の〝失敗〟で、官邸内の主導権を今井に奪われていたのだ。

この2日後の29日の土曜日、私は菅から議員会館の事務所に来ないかと誘われた。久しぶりの週末の呼び出しだった。しかし、応接室に入ってきた菅は、「おう」と短く口にしただけで、何も話そうとしない。一斉休校要請の判断に、菅が外されたということは、永田町ですでに話題となっていた。

「全国一斉の休校というのは驚きましたが？」

「これは総理の判断だよね、もう。俺は感染が出た場所は、休校にすれば良いと思っていたけど」

「では、唐突な判断とは感じなかった？」

「そうだね」

早く話題を変えたがっているように思えるくらい、素っ気ない受け答えだった。もう一問だけ、切り込む。

「その総理の判断は、長官は正しいと思っているんですか？」

数秒の沈黙が流れる。そして、ぼそっと吐き捨てた。

「うまくいけばね……」

常に政権の判断に自信を見せてきた、菅らしからぬ他人事《ひとごと》のような言葉だった。静かな怒りが、ひしひしと伝わってきた。

10万円支給をめぐる攻防

今井補佐官ら官邸官僚の菅外しはこれで終わらなかった。3月5日には、安倍は新型コロナウイルス感染者が急増した中国・韓国からの入国制限を発表するが、菅は当日の朝まで、その事実を知らされていなかった。

さらに4月3日朝、官邸エントランスに姿を現した菅は、番記者たちの問いかけにあからさまに不機嫌な態度を見せた。

「読売新聞が書いていた世帯あたり20万円の現金給付の件ですが？」

「まだ、何も決まってねえよ」

この日、読売新聞は「コロナで所得減、世帯あたり現金20万円給付」とのスクープ記事を朝刊1面トップで飛ばした。この現金給付は、低所得者や所得が急減した世帯を中心に家計を支援するもので、新型コロナ感染拡大を受けた政府の緊急経済対策の柱となるものだった。この政策を発案したのも今井らで、全国民に一律に給付するのではなく、影響が直撃した人たちに絞って手当てをするという考えに基づいていた。しかし、この読売のスクープ自体が、官邸官僚らが仕掛けた奇策の第一歩だった。

この日の午後、官邸の安倍のもとを政調会長の岸田が訪れる。そして、会談を終えた岸田は待ち受けていたテレビカメラの前で、こう語った。

「1世帯30万円で総理と認識が一致し、了解をいただいた」

読売のスクープで、誰もが現金支給は20万円になったと信じて疑わなかった。それがわずか半日後に、30万円に上積みされたのだ。財務省幹部がこの裏側を解説する。

「現金給付を30万円にすることは、この1週間前から決まっていた。今井さんは、これを岸田さんの手柄にしようと総理に進言した。それであえて読売に『20万円』と情報を流した上で、岸田さんが30万円を勝ち取ったという演出にしたのだ」

この手練手管《てれんてくだ》に激怒した人物が2人いた。創価学会副会長の佐藤浩は、翌4日、信濃町の創価学会本部に公明党の山口那津男《なつお》代表、斉藤鉄夫幹事長、石田祝稔《のりとし》政調会長の3人を呼び出し、怒りをぶつけた。

「30万円支給でも良いけど、対象を住民税非課税世帯に限定してしまったら、コロナに関係なく、もともと生活に困っている人だけが対象になる。リスクを取りながら電車通勤して働いている人もいる。そういう人たちへ寄り添う支援にするべきだろう。今、必要なのは年収制限を設けず、全国民を励まして、一致して頑張ろうというメッセージを出すことじゃないか」

これに対し、普段は声を荒らげることが少ない山口も反論する。

「でも、1世帯30万円というのは、1人あたり10万円支給という公明党の主張にも配慮されたものだ。もう7日には閣議決定されるから、これからひっくり返すなんてできるわけがない」

最後は怒鳴り合いになったという、この会議で佐藤は山口たちにこう言い放った。

「少なくとも学会としては、これを呑んだということにはできないから、うちは明確に反対する」

佐藤としては、30万円支給案は、対象が全世帯の約5分の1にすぎない1千万世帯とも言われていて、あまりに限定的だと感じていた。10万円でも良いから、全国民に一律に支給すべきというのが佐藤の考えだった。事実、この安倍と岸田が合意した案は、国民にも不評だった。もらえる世帯ともらえない世帯の線引きが分かりにくく、創価学会本部にも抗議の電話が殺到したという。

結局、政府は公明党への配慮として、児童手当受給世帯への児童1人あたり1万円支給を公明党の主張を呑む形で盛り込み、〝岸田案〟は7日、閣議決定された。

しかし、この官邸のやり方に怒っていたもう1人の人物が動き出す。閣議決定された〝岸田案〟を盛り込んだ補正予算案の編成作業が大詰めを迎えていた14日午後5時半、自民党の二階俊博幹事長が緊急記者会見を開き、冒頭で次のように切り出した。

「経済対策では、一律10万円の現金給付を求める等の切実な声があります。できることは速やかに実行に移せるように、自民党としての責任を果たしてまいりたい」

一律10万円の現金給付が必要だと突然ぶち上げたのだ。二階としては、今回の〝岸田案〟が、自民党幹事長である自分に根回しもなく決められたことが許せなかった。こうした不満は自民党の中堅・若手議員からも噴出していて、二階が官邸に対して、一発かましてやったのだ。

この二階の発言に憤ったのが、創価学会だった。二階の発言は寝耳に水で、「官邸と裏で握った上でのものではないか」との疑念を抱いたのだ。「このままでは、一律10万円給付は、公明党ではなく、自民党の手柄として持って行かれる」という危機感が強まる。自民党関係者は、「二階幹事長は、今回の補正予算ではなく、次の2次補正の際に10万円給付を盛り込むのを落としどころと考えていた」と明かした。しかし、怒った学会側は、そんな妥協的な着地点では許さなかった。山口代表に対し、すでに編成作業が進んでいる1次補正の組み替えを求めることを指示したのだ。閣議決定した補正予算案を組み替える、つまりやり直しをさせるというのは前代未聞のことだった。

15日午前、山口代表は急遽、首相官邸を訪れ、安倍との与党党首会談を行った。そして会談終了後、記者団に対し「一律10万円の現金給付」を安倍に迫ったことを明かした。安倍も「方向性を持って検討する」と一定の理解を示したという。しかし、それでも安倍はこのとき、補正予算の組み替えまでは考えていなかった。

この会談を受け、自民・公明両党の幹事長、政調会長が出席しての緊急会合が国会内で開かれる。公明党があくまで「1世帯30万円の現金給付を取りやめた上で、一律1人10万円給付の速やかな実施」を主張したのに対し、自民党側は「1世帯30万円の現金給付を行ったあとに追加として1人10万円給付を実施すること」で折り合おうとした。

会談は断続的に4時間以上続いた。岸田は報道陣に対し、疲れ切った声で言葉を絞り出した。

「結論としましては平行線でありました。よって、引き続き補正予算の準備は続けていくということになります。今日は以上です」

翌16日朝、再び、山口が動く。安倍総理に電話で、「組み替えがされなければ、連立離脱も辞さない」と政治決断を迫ったのだ。実際に、公明党はこの日、補正予算審議の下準備である衆院予算委員会理事懇談会に欠席する意向を伝え、与野党は理事懇開催を見送った。与党である公明党が、〝ボイコット〟するのは極めて異例のことで、公明党の連立離脱の覚悟を政府・自民党側に突きつけた形だった。

公明党が連立から離れれば政権は倒れる。安倍は、麻生と岸田に対し、10万円の現金給付へ向けた補正予算案の組み替えを指示した。それまでの〝安倍一強〟政権では、起きるはずのないことが起きてしまったのだ。

官邸官僚の自爆

この10万円給付をめぐる駆け引きにおいて、菅は完全に蚊帳《かや》の外にいた。むしろ、あえて自ら距離を保ち、関わらないようにしていたとも言える。創価学会幹部は、後にこう語った。

「今回は菅さんには頼らなかった。もちろんすべて報告はしていた。でも、菅さんの未来を考えて、あえて巻き込まず、傷付けないようにしたかったからね」

自民党の中堅議員が指摘する。

「今回、分かったことは、菅長官がいないと自民党は公明党・創価学会をグリップできないということ。今井は岸田さんに花を持たせようとしたのだろうが、やはり菅長官を外すと、失敗するということが証明されたのではないか」

〝菅外し〟が皮肉にも、菅の存在感を高めることにつながったのだ。一方の岸田は、面目が丸潰れになった。

しかし、〝菅外し〟はこれだけで終わらなかった。今井や経済産業省出身の総理秘書官、佐伯耕三《さいき》らの信じられないような失策が続く。

4月13日、官邸の長官室にいた菅のところに、ある官邸関係者が訪れる。

「長官、あの動画は評判悪いですね」

菅は、首を傾げる。一体何のことか分からなかったのだ。この関係者が手にしていたスマホで見せたのは、安倍が歌手の星野源《げん》の音楽に合わせて、自宅で犬を抱きながらくつろぐ様子だった。もともとこれは、星野源が、外出自粛の要請が行われる中で、「うちで踊ろう」という曲とのコラボレーションを呼びかけた企画だった。これを見つけた佐伯ら総理周辺は、安倍に対し「これをやれば若者にも受ける」と持ちかけたのだ。そこで撮影されたのがくだんの映像で、4月12日、安倍のアカウントでツイッターに投稿されていた。もちろん、その決定の過程から、菅は外されていた。

安倍はこの5日前、4月7日に東京など7都府県に緊急事態宣言を発出していた。この動画は、緊急事態宣言下で国民が苦しむ中、呑気に安倍がくつろぐ姿が映されていて、ネット上だけではなく、自民党内からも「国民の意識とかけ離れている」との批判が相次いでいた。

菅は、すぐに総理執務室に駆け込んだ。

「総理、本当にこんなことをやったのですか？」

安倍は、伏し目がちに答える。

「若い人たちにも我慢を強いているから、良いかなと思ったんだけどね」

菅は黙って一礼すると、総理執務室を立ち去った。

その直後の記者会見で、菅は記者から詰め寄られる。

「総理と星野源の動画についてだが、総理の発案なのか？　狙いは？」

「星野源さんがSNS上で『うちで踊ろう』という歌を公開しておられることに総理が共感し、今般の発信を行うことになった。最近、20代を中心に若者の感染者が増加していることから、若者に外出を控えてもらいたい旨を呼びかけるにあたり、SNSでの発信は極めて有効であると考えている。ツイッターでは、確認できる範囲では過去最高の35万を超える〝いいね〟をいただくなど多くの反響をいただいており、多くのみなさんにメッセージが伝わることを期待している」

記者が食い下がる。

「今後の生活に不安を感じている人も少なくない中で、総理のくつろいだ動画を投稿することに批判も相次いでいる。投稿は適切か」

「最近、20代を中心に若者の感染が非常に多くなっている。そうしたことへの対応として、若者に外出を控えてもらいたい旨を訴えるためにＳＮＳの発信は極めて有効であると考えている」

菅は、あくまでも官邸のスポークスマンとして、安倍を守り切った。

菅の怒り

しかし、菅の我慢は限界に達しようとしていた。４月19日昼、菅のお気に入りのパンケーキが有名な店に呼ばれる。菅も、パンケーキのメニューを見ながら思わず「久しぶりだな」と子供のような笑顔を見せた。ただ、この日、私は今まで見たことのない菅の怒りに直面することとなった。話題は10万円給付をめぐる攻防の振り返りから始まった。

「岸田さんは今回の件で、評判を落としましたね」

菅が深く頷く。そして、顔をしかめた。

「岸田さんが総理になったら、官僚主導の政権になってしまう」

「そもそも30万円案は評判が悪かったですね？」

「岸田さんは党のガス抜きをできなかった。党にとっては政府に押しつけられた感じになってしまった」

　そう言い終わると、菅はテーブルを拳で強く叩いた。

「俺だって頭に来たんだ。みんな、頭に来たんだ。ああいう決め方をしたことに。『私と総理の2人で決めました』なんて、おかしいだろ」

　安倍と岸田の2人で、20万円から30万円への上積みをサプライズで決定したことへの怒り。菅が、私の前で感情をここまで露《あら》わにするのは初めてだった。

「総理はよく補正予算の組み替えを判断しましたね」

「それしかなかったんだよ。国民が圧倒的に一律給付を支持した。いままでは、そんなバラマキをするなという声もあった。だが、今回の緊急事態宣言によって全国民の問題になってしまった。みんなに迷惑をかけているんだからね」

「総理が国民に頭を下げましたが」

「あれは良かったよね。あのときに組み替えをしないで、2次補正でやると判断したら、政権はどんどん追い込まれると思った。その選択はするべきでないと思った」

　そして話題は、佐伯ら官邸官僚が主導した、いわゆる〝アベノマスク〟の全世帯への配布、そして安倍のツイッター動画に移った。

「マスク2枚配布も批判が強いですね」

「30万円とセットになって、支給対象にならない国民には『マスクだけかよ』となってしまったよね」

「星野源の動画も批判が強い」

「みんな国民が生きるか死ぬかでやっているときに、あまりにその感覚からかけ離れていたよね。あれは大きかった。一般の人からしたら、かけ離れているよね。

俺も自民党の議員から『菅さんは関与していないと思いますが、国民生活を分かっている人に政権を担ってもらいたい』と言われたよ」

「なぜ止められなかったのですか？」

菅がもう一度、先ほどよりも強くテーブルを叩く。

「知らなかったんだよ！　あんなのを出すことを」

これまでの官邸にはなかった不協和音。その原因は何なのか。

「今までの安倍政権は、もっと事前に議論を官邸でしていた気がするのですが」

「だって、萩生田に学校の休校要請を言っていなかったんだよ。文科大臣にだよ？　あそこから、おかしくなったよね。官邸でも冗談じゃないと思う人は出てくるよね。官房副長官だって、知らなかったんだよ」

「いままで、安倍官邸でそんなことはなかったですよね？」

「なかったよ」

「なぜ、そういうことが起きるようになったのでしょうか？」

菅が即答する。

「やっぱり総理のまわりの官僚だろうな。そして、総理もそれに乗せられてしまった」

寡黙な菅の口から、怒りの言葉があふれ出てくる。

「サプライズにしたいのはいいよ。でも、こっちが根回しする立場としては、どうなんだ。俺はすぐに総理に言いにいったんだよ。『事前に説明をしてくださいよ。党だって荒れますよ』と。二階さんの発言も、そういう不満の積み重ねが引き金になったんだよ。岸田さんも二階さんに根回ししてないんだよ。党の責任者なんだから」

「長期政権になって、秘書官などの官僚が長く居座りすぎている弊害が出ているのでしょうか？」

「そうだね」

菅はそう言い終わると、ようやく目の前のパンケーキにナイフを入れた。かつて菅は、安倍政権の強みについて、こう語っていた。

「俺と総理の関係が大切なんだ。2人の関係がおかしくなったら、危機管理の対応も成り立たない。総理は必ず俺に意見を聞くし、いつも連携してやっている。前の民主党政権なんかは、官邸内の考えがみんな違ったでしょ。瞬時に2人で一緒に判断ができる。これがこの政権の強さだよ」

「総理と意見が違ったことは一度もない」と豪語していた菅だったが、その信頼関係には隠せない大きなヒビが走り始めていた。

菅の変化

この頃から、私は菅と毎週のように2人きりで会う機会を持つこととなった。少しずつ菅の言葉に変化が見られるようになってくる。新型コロナへの対応も峠を越したかのように思えた5月の連休中、都内のレストランで待ち合わせをする。連休中でも毎日官邸でコロナ対策に当たる菅は、もちろんスーツ姿。いつものようにテーブル席に向かい合わせで座ろうとすると、「そっち」と私の左隣を指さす。

「あ、斜めに座ってコロナ対策ですね」

「一応な」

照れ笑いを浮かべた菅が、ウエーターにいつものパンケーキを2つ注文する。話題は2日前に朝日新聞が実施したポスト安倍に関する世論調査だった。

「朝日のポスト安倍の世論調査が面白かったですね」

「まだ俺は残ってるな」

ポスト安倍の候補として、菅の名前は岸田らと並んで4番手に挙がっていた。圧倒的に多くの支持を集めていたのは石破だった。

「石破さんはなんであんなに人気があるんですかね？」

「安倍さんを嫌いな人がいるからね」

菅は相変わらず、河野太郎を支援するつもりなのか、久しぶりに尋ねてみた。

「河野太郎で、次の総裁選は勝てますか？」

菅の眼光が私の両目を突き刺す。

「河野は自分の派閥をまとめなければダメだ。麻生派をまとめられれば勝てるだろう。でも、麻生派をまとめなければ勝てない。俺だって負ける選挙はやりたくない。俺も自分の政治力を残さないといけないからな」

「でも、河野さんに求心力はあるんでしょうか？」

「そこが一番の課題だろうな。２００９年の総裁選だって、俺がやらなければ推薦人も集まらなかったから。次は『出ること』が目的ではなく『勝つこと』だから」

２００９年９月に行われた総裁選は、前月の衆院選で歴史的な惨敗を喫し、第一党から転落した責任を取って辞任した麻生太郎総裁の後任を選ぶ戦いだった。菅は「世代交代が必要だ」と訴え、同期の河野太郎の擁立に向け東奔西走する。このとき、菅は、各派閥の主導で谷垣禎一《さだかず》への一本化が進んでいた党内の流れに対し、強く反発していた。

「派閥で物事を決めたり、派閥の領袖《りょうしゅう》が集まって決めたりする古い自民党の体質は変えるべきだ」

そして、菅は、この総裁選の直前に、派閥にとらわれずに河野を応援するために、所属していた古賀派を離脱して無派閥となった。

菅は、初当選の後には、ほとんどの同期議員たちとともに小渕派に身を置いたが、最初の総裁選で派閥の領袖である小渕恵三ではなく、師と慕う梶山静六《せいろく》を総裁選に担ぐために、派閥を飛び出した。梶山は総裁選に敗れるが、「菅の面倒を見てくれ」と梶山から依頼を受けた古賀誠の計らいで、菅は加藤派に移り、その後、古賀派に所属していた。

菅にとって大事だったのは、「誰を総理大臣にしたいか」という自らの信念を貫くことだった。それぞれの政治家が、国民の負託を受けて国会議員となったのだから、誰かの方針に従うのではなく、自らの考えにのみ縛られるべきだと信じていた。だから派閥に所属しながらも、「誰についていったら得になるか」と損得勘定だけで群れて動く議員たちの動きとは、常に一線を画していた。そして、勝敗を度外視した勝負に打って出て、結果、負け続けた。

しかし、次の総裁選だけは違った。どうしても、勝たなければいけない戦いだったのだ。だからこそ、自らの派閥をまとめられない河野では、今回はダメだと感じ始めていた。

菅の迷い

6月8日夜、私は、港区のあるレストランの個室で菅を待っていた。

ここで菅にあることを確認しようと考えていた。それは、自らの政権構想を打ち出す書籍を出版する考えがあるかどうかだった。戦後、総理・総裁を目指してきた政治家は、ほぼ全員、事前に自著を出版し、政権構想を広く国民に訴えてきた。安倍の総裁任期満了まで、あと1年3カ月あまり。菅の本気度を確かめたかった。

この日の菅は終始、上機嫌だった。直前にあった沖縄県議選で、思い通りの結果となったことを楽しそうに語っていた。

そこで、おそるおそる切り出す。

「長官、まだ長官が総裁選に出るということは決まっていないとは思うのですが、出なかったとしても本を書くことは無駄にはなりません。もし出ることになれば、それが政権構想になるし、もし出なかったとしても書いて損はないので、そのような考えはないでしょうか」

回りくどい言い方をしたからか、私が話し終わらないうちから、菅が声を上げて爆笑する。そして、私を制止して、体を前に乗り出した。

「出すとしたら来年の4月頃だろ。本当にやる気になったら、その前にやるべきじゃないよね」

驚いたことに、総裁選に向けた政権構想の出版に前向きな姿勢を示したのだ。そして、絞り出すように言葉を発した。

「でも、総裁選に出るという決断は、なかなかできないんだよな。いろんな人が背中を押してくれているんだけど」

菅が続ける。

「このまま私が出なければ、岸田さんが総理になる可能性が高い。それでは国のためにはならない」

官僚の言いなりになる岸田は総理にはふさわしくないという強い思いがあった。

「麻生さんとか総理とか一部の人で決めて岸田さんを総理にするというのは、おかしいと思う」

そして、迷いを払拭するかのように、総裁選への思いを語り始める。

「たぶん党員投票は、私が一番強いと思う」

思わず聞き返してしまう。

「石破さんが強いのでは？」

「俺の方が強いと思うよ。だって、業界団体は圧倒的に強いから。郵政とか住宅関係とか、そういう業界のほとんどを押さえている。そして地方議員が動くからね」

「それでも総裁選に出るかどうか迷うのはなぜなのですか？」

「やっぱり、年齢だよね」

「でも、アメリカ大統領選は70代同士の争いですよ」

気休めの言葉に聞こえたのか、菅は寂しそうに苦笑いを浮かべた。

私は、菅が総裁選を目指すのであれば、安倍政権に対する評価など、その立ち位置を明確にすることが不可欠だと考えていた。

「長官の一番の弱みは、『結局、安倍さんと同じだろう』と見られることではないでしょうか」

「だから、総理が、後任の候補に『岸田さん』と名前を挙げてくれて良かったよね」

安倍との違いを明確にしたい、という強い決意をのぞかせた。

「安倍政権の反省すべきところは反省すべきだと国民は望んでいるのではないでしょうか」

「それは官房長官としてだから、言えることもあるだろうね」

菅の心の中で、地殻変動が起き始めているのを感じ取った。

安倍・菅は「一心同体」

6月11日の参院予算委員会。国民民主党の増子《ましこ》輝彦議員が、学校の全国一斉休校の際の官邸内の決定の経緯について、菅と安倍に答弁を求めた。

「あらゆる危機管理の中で今までは総理は必ず官房長官と相談をしながらやってきたということでしたが、このときは官房長官に相談がなくて総理がこのいわゆる一斉休校を発したということを伺っていますが、この辺はどうなんですか」

菅はいつもの通り、厳しい表情を崩さずて、答弁席に立った。

「いろんなことを言われていますけれども。実は、一斉休校について最初に言及したのは私、総理に言及したのは私であります。北海道で知事がそうしたことを踏み切りたいという相談がありました。そういう中で、そうしたことになった場合、国としてしっかりと支援をしてほしいと、そういうことについて総理と御相談をさせていただきましたので、総理とはそこを含めてこの件についてはずっと相談をしておりました」

確かに、鈴木北海道知事が独自の休校措置を取る際に、菅には個人的に相談をしていて、その件について菅は安倍にも報告をしていた。しかし、このことと、全国への休校要請はまったく関係がない。

安倍が続けて答弁席に立つ。

「まさに安倍政権が、第2次安倍政権が発足して以来、菅官房長官とは一心同体で、心を一つにして対応してきておりまして、この一斉休校についてもそうでございます。いろんなことが世上、週刊誌等で言われておりまして、どう答えるか興味を持って聞いておられる方も我が党にもいるかもしれませんが、これはまったく一致協力してやっているということでございます」

私には、安倍の言葉が空虚に聞こえた。「菅官房長官とは一心同体」という安倍のメッセージは、もう一度、官邸内の結束を取り戻したい、そんな思いから出たものだったのか。

菅の決断

6月15日朝7時半、いつもの国会近くのホテルで、菅と朝食をとっていた。その頃、安倍が岸田に対し、前回の人事の際に、「次回は幹事長に」との約束をしたという情報が駆け巡っていた。

「総理が岸田さんを幹事長にするという約束はあるのですか?」

「そんなことはあったかもしれない」

「『今回は勘弁。次はね』と」

「そうそう」

「そうすると、今回、岸田幹事長になる?」

「二階さんを切れないだろうね」

そして本題に切り込む。9月に行われるだろう内閣改造と党役員人事で、私は菅が官房長官の職にとどまるのかどうかが、最大の焦点になると考えていた。

「官房長官の職は、ここまで来たら、あと1年は続けないとならないですよね?」

菅は目の前の野菜ジュースをぐいっと飲み干すと、きっぱりと言い放った。

「総裁選との絡みだよね。俺は来年の総裁選に出ようと思っているから」

ついに、菅があれだけ否定してきた総裁選への出馬を明言したのだ。動揺を抑えながら、真意を確かめる。

「その場合、官房長官のままだと動きにくいのでしょうか？」

「地方になかなか行けないよね。危機管理は大丈夫か、と必ず言われるからね」

「総理は長官に残留を望むのでは？」

「頼んでくるだろうね」

「それを本当に断れますか？」

菅は、何も答えず、サラダを口元に運んだ。

「5日後の土曜日に、自分が信頼できる人間だけを集めて、政権構想本についての勉強会をやろうと思う」

そう告げると、菅は官邸に向けて部屋を去っていった。

菅を取材して5年あまり、あれだけ総理になる意欲を否定し続けてきた男が、ついに決断を下した。その余韻《よいん》からか、これから繰り広げられるだろう菅の苦闘への予感からか、私は席に座ったまま、しばらく動けなくなっていた。

総理へ向けた準備

6月20日土曜日、その日は、梅雨《つゆ》の晴れ間の、真夏のような暑さだった。正午前、港区赤坂のホテルの会議室には、菅の事務所秘書と菅側近の官僚、そして菅に近しい人物が2人、合わせて4人が集まっていた。テーブルの上には、サンドイッチとホットコーヒーが並んでいた。そして正午を数分過ぎたとき、菅が会議室に姿を現す。

席に着き、一同を見回すと、決意を語る。

「今日はありがとうございます。官房長官になって、8年近くになる。今までのことをまとめて、その先を見据えて、私の考え方とか、考え方に基づいて官房長官として陣頭指揮してきたということを一回世に出したい。総裁選は、たぶん来年のオリンピックが終わってからだと思います。かといって、これからどうなるか分からないけど、少なくとも官房長官としての本を年内に出したい。だから、その相談をさせていただきたい」

まずは、官房長官としての実績を書籍として出版しようという考えだった。

側近官僚が、菅に質問する。

「年内に出すというのは、現職の官房長官のまま出すということでしょうか?」

「いや、官房長官を辞めたいと思っている。辞めないと何もできないから。そうしないと間に合わないと思う。ここで、まず一発やってやろうと思う」

会議室に1分ほどの長い沈黙が流れる。

出席者の1人が、雰囲気を和《なご》ますために、冗談半分に発言する。

「官房長官を辞めた瞬間に、ハレーションがすごいでしょうね」

菅が小さく頷く。

「だから、党の仕事を何かやらせてもらおうと思う。党だったら、いくらでも自分のための準備ができるからね。官房長官を続けていたらこんな本は出せないから」

別の出席者が、疑問をぶつける。

「官房長官をやりながらというのは、どうしても無理なのでしょうか？」

「考えたけど無理だった。官房長官として本を出した瞬間に、国会で追及されてしまうから。官房長官をやっている間は何の身動きも取れなくなっちゃう。次に向けての勉強もしていきたい。この1年をかけて勉強をしなければならないからね」

1冊目は官房長官としての実績を記す本を年内に出す。そして、政権構想を掲げる本は翌年に改めて出すという計画だった。

「2冊目の時期はどう考えていますか？」

「来年の5月の連休明けくらいからでしょう。みんなこういうのを出してくるでしょう」

「官房長官を辞める理由は、どう説明するんでしょうか？」

珍しく、菅が冗談めかす。

「『総理と仲違《なかたが》いした』って言うかな」

そして、他の候補の動きを気にしてみせた。

「総裁選に向けた展開がものすごく早くなっている。岸田さんや石破さんの動きが、思ったよりも早い」

打ち合わせを終える間際、菅は「地方議員出身の総理は竹下さん以来じゃないかな」と小さく呟いた。

ついに総理の座に向け、具体的に動き始めた菅。その場にいた者たちの印象に強く残ったのが、「勉強をしなければいけない」という決意だった。腰を据えて、本気で準備に取り組もうという意気込みにあふれていた。

二階からの後押し

菅が「思ったよりも展開が早い」と懸念を示した通り、この頃、新型コロナの感染が落ち着きを見せていたこともあり、自民党内では〝ポスト安倍〟をめぐる政局の動きが激しさを増していた。

次の総理を目指す石破茂元幹事長は、6月8日、二階俊博幹事長と国会内で会談し、9月に開かれる石破派の政治資金パーティーでの講演を依頼した。二階は「行こう」と快諾した。石破としては、安倍との距離ができつつあった二階を取り込むことで、翌年の総裁選での支援を得たい狙いがあった。二階にとっても、石破と敵対する安倍を牽制《けんせい》する考えだった。

そして、6月10日、安倍と麻生が官邸で会談した。ここで話題に上ったのは、2人がポスト安倍と見込んでいた岸田のことだった。いかにすれば石破に勝てるか、2人で思案したという。岸田は、他派閥議員との夜会合を重ね、党内での支持拡大を狙っていた。6月中旬には岸田派の幹部が安倍と会談。岸田派幹部は、「来年の総裁選では、岸田を支援してくれそうだ」と周辺に手応えを語った。ポスト安倍レースは、「石破VS岸田」という対立が軸となるというのが、永田町の多くの見立てだった。

しかし、こうした中、菅を支援する動きも出始める。国会閉会日の6月17日夜、菅は都内の高級中華料理店で二階幹事長、林幹雄《もとお》幹事長代理、森山裕《ひろし》国対委員長と4人で円卓を囲んだ。菅は、官房長官として、常に二階に対して細やかな気遣いを見せてきた。時間が空けば、官邸から自民党本部に向かい、二階への報告や連絡を怠らなかった。そして、国会開会中は、この4人で毎週朝食をとるようになり、その信頼関係は深まっていた。

北京ダックやフカヒレなどが並ぶ中、菅は二階に向かい頭を下げた。

「この国会もありがとうございました」

そして話題が翌年の総裁選に及ぶと、二階がこう切り出した。

「安倍総理の4選を支えましょう」

3人が頷く。そして、二階は、菅の方に向き合い、こう続けた。

「もし安倍総理が4選を固辞した場合は、そのときはあなたが有資格者となる。腹を決めないといけない」

森山も賛同する。

「そうなったら国のために頑張らないといけないですね」

さらに、二階が畳みかける。

「あなたがやるなら応援する」

菅は、このときは明確な返答はしなかった。しかし、菅が店を先に去った後、二階は「あれはまんざらでもないな」と笑みを浮かべた。

そして、菅にとっても、二階らのこの言葉は、総裁選への決意をさらに強くするものとなった。

改革への自信

総裁選へ向けた極秘の勉強会は、6月20日土曜日の顔合わせ以降、毎週、開かれることになっていた。菅がこだわっていたのは、いかに自分がこれまでの内閣官房長官像をぶち壊し、主体的に様々な改革の指揮を執ってきたかという実績をアピールすることだった。

宮内庁や内閣府の猛反対を押し切って実現した皇居や迎賓館の一般公開拡大や、赤坂の議員宿舎で秘密裏に関係大臣を集めて取りまとめたTPP交渉など、懐かしそうに饒舌に語った。

新型がん治療薬「オプジーボ」の〝高すぎる薬価〟をめぐる厚労省との衝突や、ふるさと納税の拡大をめぐる総務省との暗闘、GPIF（年金積立金管理運用独立行政法人）の運用改革をめぐる厚労省との対立など、菅が官房長官として役所の抵抗を押し倒し、実現してきたことは枚挙にいとまがない。

実際に、菅が訪日ビザの発給要件緩和や免税制度改革などで推し進めたインバウンド政策は、訪日外国人観光客数を政権交代前の835万人から7年で約4倍の3188万人まで押し上げた。「農家の所得を上げたい」との思いで、省庁横断で取り組ませた農林水産品の輸出は、政権交代前の約4500億円から1兆円近くにまで倍増させた。

菅には「国民から見た当たり前」という感覚に基づいて〝既得権益〟や〝縦割り行政〟、〝悪しき前例主義〟を打破し、霞が関を動かして、誰よりも改革を推し進めてきた実績があるという自負があった。こうした改革姿勢と決断力、実行力こそが、岐路に立つ日本の舵取りを担うリーダーには不可欠だと確信していた。

揺れる思い

総理を目指すための極秘の勉強会も4回目となる7月7日、菅の言葉に変化が表れる。

出席者の1人が、菅の意向を確認する。

「長官の総裁選に向けた方針は変わらないですか？」

「変わらない。ただ、官房長官を辞められるかどうかという話がね……」

急に言葉を濁し始める。

「週刊誌でもいろいろ書かれているから、安倍総理はすごく私に気を遣っているよね」

そして、揺れる思いを漏らした。

「そこで、総理が私に全部任せると言った場合に、それを振り切って辞めた方がいいかどうか」

「任せるというのは、人事を？」

「いやいや、私を総理大臣の後継にするということだよ」

なぜ、急にこんな変化が起きたのか。

菅は、このとき、安倍が関係者を通じて、「岸田ではなく、菅を後継として考えている」というメッセージを伝えてきたと説明した。だから、安倍と袂《たもと》を分かつべきか、このまま官房長官を続けながら禅譲を待つのか、迷いが生じたのだという。

さらに、10万円給付をめぐる混乱の後、5月頃から官邸では、今井が足繁く菅の下に通う姿が目撃されるようになる。これは安倍からの「菅さんにも丁寧に説明をしてほしい」という指示を受けてのものだったという。こうして菅は、官邸での主導権を取り戻していた。「官邸をもう一度修復したい」という安倍の強い思いと、そのための気遣いを、菅は感じていた。

また、ある官邸関係者は、こう証言した。

「安倍総理は、7月に入り、持病の潰瘍《かいよう》性大腸炎が悪化し始めていた。それで『菅ちゃんに後を頼みたい』と内々に伝えていた。さらに、安倍総理は、後援会が『桜を見る会』の前夜に主催した夕食会について、これまで『事務所からの費用補塡はない』と答弁してきたが、それが内部の調査で補塡があったことが判明し、総理を続投する意欲を失っていた」

菅は、すでにこの時点で、安倍が近い将来に総理を辞任し、その後を自分に託す可能性があると考えていたのだろう。菅は、これ以降、勉強会を開かなくなる。そして、出版に向けた動きも完全にストップする。

菅は周辺に対し、「安倍総理も岸田さんではダメだと思い始めている」と語った。

7月末になると、菅は、今度はテレビ出演の機会を増やしていく。この頃、深刻化する豪雨災害を受けて、発電や農業用などに限って使われてきた利水ダムを、治水対策にも活用できるように、菅が各省庁に号令をかけた成果が出始める。予算を一切使うことなく、八ッ場《やんば》ダム50個分のダムの貯水容量を確保し、水害対策へと活用されることになったのだ。こうした省庁の縦割りを打ち破る、菅ならではの政策を、テレビで積極的にアピールしようという狙いであった。

そして、8月に入ると安倍の健康不安説が表面化する。8月4日発売の写真週刊誌「FLASH」が、「安倍が執務室で7月6日に吐血した」と報じた。

その2日前、8月2日の日曜日、私は菅に都内での昼食に誘われる。そこで永田町でまことしやかに流れている噂を確かめてみた。

「9月に安倍総理が退陣して、菅長官に禅譲するという噂が出ていますが、どうなのでしょうか?」

「退陣なんてないよ。ガセネタだね」

「では、官房長官を辞めるのは、例えば来年度の予算が成立してからでもいいのでは?」

「そんな勝手なことは言えないでしょう。そして、私の状況を考えれば、総裁選に出るとしたら安倍総理からの支持が必要となる」

「総理とケンカ別れはできない?」

「それは、どんなことがあってもないよ。今の情勢を見れば、二階さんは俺をやってくれる。後は麻生さんがやってくれたら決まりだろう」

安倍との決別は、やはり回避しなければいけないという考えに変わっていたのだ。わずか1カ月あまりでの心変わりに、私は戸惑っていた。安倍ってお膳立てされる形で、総理の座の禅譲を狙っていた岸田を厳しく批判していたのは菅自身だった。それなのに、状況が変わったとはいえ、今度は菅が安倍からの禅譲を待つことになるのか。そして、「総理を目指すために、1年間は勉強をする時間が必要だ」と語っていた思いは、そう簡単に変わってしまうものなのか。一度、政権を離れた上で、総理としての政権構想を掲げ、その座を自らの力で勝ち取りたいと燃えていた菅に、私は期待していたのだ。

8月中旬になると、安倍総理の体調への不安が現実のものとなる。8月13日、官邸に入った安倍は明らかに顔色が悪く、無意識なのだろう、エレベーターの手前で壁に手をついて歩いた。

菅は周辺に対し、「ちょっと燃え尽き症候群なんだよね。俺は『ゴルフに行ってください』と言うんだけど、行かないんだよね。コロナ禍のときに、都外に出るのは批判されると気にしているんだよ」と心配してみせた。

そして、8月17日午前、安倍は突如、慶應大学病院に入る。総理周辺は「6月に受けた人間ドックの追加検査だ」と説明したが、検診は7時間半以上にも及んだ。各テレビ局は中継車を現場に送り、体調の異変の可能性を報じた。

さらに１週間後、この日は、総理大臣としての連続在任日数が２７９９日になり、大叔父の佐藤栄作元総理を抜いて歴代１位となる節目の日だった。安倍はその日、再び、同じ病院に入ったのだ。診察を終えた安倍は「きょうは先週の検査の結果を詳しくお伺いし、追加的な検査を行った」と説明した。しかし、実際には、13年前の辞任の原因となった持病の潰瘍性大腸炎の治療を受けていた。

そして、８月28日、事態は急転直下する。

第4章　第99代総理大臣

２０２０年９月、安倍の電撃辞任を受けて菅は念願の総理に就任する。地方議員出身の〝たたき上げ〟総理の誕生は世論に歓迎されて好スタートを切るが、学術会議問題、ＧｏＴｏトラベルの迷走などで支持率はジリジリと下がっていった――。

安倍総理の電撃辞任

安倍総理の突然の辞意の意向をＮＨＫが速報したのは、２０２０年８月28日の午後２時過ぎだった。私は、銀座の喫茶店で官僚とコーヒーを飲みながら取材をした後、35度近い猛暑の中、歩いて日比谷公園を通り抜け、国会に戻る途中だった。ニュース速報を受け、慌てて国会記者会館の日本テレビのブースに駆け込み、裏取り作業をする。そして、同時に夕方のニュース中継に向け、原稿を書き始める。中継までの残り時間を確認するため、パソコンの左隣に置いておいたiPhoneの画面を確認しようとした瞬間、けたたましい着信音が鳴り響く。画面に表示されたのは「菅義偉官房長官」という文字だった。

電話に出るやいなや、自然に言葉が口からこぼれ出る。

「驚きました」

菅は感情を押し殺すように、静かに答える。

「雰囲気はあったんだけど、でも、まさかという感じだった」

これまで菅は、幾度となく、安倍の辞任の可能性を打ち消していた。

「総理の辞任は今日、決まったのですか？」

「正式には今日だね」

そして、最も肝心なことを聞かなければならなかった。

「これから、どうしますか？」

一瞬の沈黙が流れる。

「今日は総理が辞任をした日だから、私は何も発信しない。とりあえず、明日会おう」

何も明言はしなかったが、以心伝心、私はその言葉の裏にある意図を理解していた。

総理の椅子をめぐる戦いに挑む覚悟を固めたのだ。〝政権の番頭役〟、〝総理の影〟と呼ばれ続け、総理への意欲を頑なに否定してきた男が、この3カ月あまり、胸の内に秘めていた強い意志を知っていたからだ。だからこそ、電話を切った瞬間、菅がこの後、総理の座に上り詰める姿をはっきりと思い浮かべることができた。

作戦会議

翌29日正午、総裁選へ向けたあの勉強会のメンバーが、帝国ホテル5階の会議室に招集されていた。去就が注目されていた菅だったが、総裁選への出馬については、ノーコメントを貫いていた。ホテルの周辺にはマスコミ関係者の姿はない。極秘の会合だった。ホテルのスタッフが机の上に、サンドイッチとホットコーヒーを並べていた。そこには黒い革製の椅子が5脚用意されていた。

そして、正午過ぎ、夏用の薄いグレーのスーツに身を包んだ菅が姿を見せる。あの勉強会のときとは打って変わって、一同が緊張感に包まれていた。静寂を破ったのは、菅だった。

「石破さんは出ない可能性があるね。石破陣営のある人が内々に『菅さんが出るのなら支持したい』と言ってきている。俺は『まだ決めていない』と答えたけどね」

すでに情報戦と各陣営の駆け引きが始まっていた。しかし、菅は終始、落ち着いていて、余裕すら感じさせた。すでに菅も地盤固めを始めていて、そこで好感触を得ていた。

「いま、山口泰明《たいめい》と会ってきたけど、徹底的に俺をやり始めてくれている。竹下派は大丈夫だと思う」

当選同期の盟友で、竹下派幹部である山口には、すでに水面下で出馬の意向を伝えていた。そして、各派閥の動向について分析を始める。

「麻生派は、割れているようだ。『岸田がダメだ』という幹部もいれば、『菅はダメだ』という幹部もいるようだ」

「細田派はどうなりそうですか？」

「安倍総理は表では明言しないが、私を応援してくれると思う。だから、細田派は問題ないと思う」

菅は、安倍総理の辞任の経緯もあり、焦って出馬表明をするつもりはなかった。

「明後日31日に、ガネーシャの会（衆院の菅グループ）と参院の菅グループに会合をやってもらって、出馬の要請をしてもらおうと思う。そして、1日の総務会で、総裁選の告示日が決まるだろうから、その翌日に記者会見をやろうと思っている」

若手議員中心の身内のグループからの出馬要請を受けて、決断をした形にすることを考えていた。

そして、菅は総裁選に向けた目玉政策を自ら考えていることを明かす。

「政策論争の7割はコロナ対策になるだろう。そこで、俺は、それ以外の部分では、『デジタル庁の創設』と『少子化対策としての不妊治療への保険適用』を打ち出したいと考えている。これをやる、という打ち出しをした方が、俺らしいだろう」

この夜、菅は赤坂の議員宿舎で、二階幹事長、林幹雄幹事長代行、森山裕国対委員長と面会し、総裁選出馬の意向を伝えた。3人は、6月から、「安倍総理の次は菅長官で」

と菅の背中を押し続けていて、その場で全面的な支援を確約した。

翌日の正午、再び帝国ホテルの会議室で極秘会合が開かれる。菅の携帯電話にに、ひっきりなしに着信があり、議員らと情報交換を進めていた。

出席者が、前夜の二階幹事長らとの会談について切り出す。

「二階さんとの会談はどうだったのでしょうか？」

「俺は『出ます』とは直接は言わなかったけど、最初から二階さんは『やれ、やれ』と言ってくれていたからね。俺が出馬をする絶対条件は、二階さんが応援してくれることだったから。二階派は応援してくれるよ。大丈夫」

口調は力強く、自信に満ちあふれていた。最大派閥の細田派に加え、竹下派、二階派の支持を合わせれば、議員票だけで過半数の２００票近くは計算できる。しかし、ここで菅を慌てさせる事態が起きる。

河野太郎の反乱

会議室での話題が、ちょうど河野太郎防衛相に及んでいたときだった。出席者のスマホに、ニュース速報が入る。

「小泉進次郎環境相が、総裁選で河野防衛相の支持を表明」

思わず、「えっ」と声が上がる。

「小泉さんが河野さんを支持すると表明したそうです」

菅が目を丸くさせながら、聞き返す。

「え？　党員投票をフルスペックでやれ、という話ではないの？」

「いえ、違います。河野さんを支持すると明言したそうです」

菅は、急に立ち上がると、「神奈川が2人になるな」などとぶつぶつ呟きながら、部屋の隅で電話をかけ始める。部屋の隅をウロウロしながら電話をする菅から、漏れ聞こえてきたのは「麻生さんはどうするのだろう」という言葉だった。

席に戻ると、首を傾げながら訝《いぶか》しがる。

「河野とは昨日、電話で話したときに『俺は出るから、推薦人になってくれ』と伝えたんだよ。本人は笑っていたから、降りそうだったけどな」

そのまま菅は押し黙ってしまった。誰よりも目をかけていた河野と小泉が、造反するとは想像もしていなかったはずで、傍目からもショックを受けているように見えたという。

河野は実際に、動き出していた。自民党の若手議員らが、河野に出馬するようにたき付けたことで、河野はその気になり、すでに推薦人集めを始めていた。小泉もその動きを知ったからこそ、早々に支持を表明したのだ。

菅と河野の2人に近い議員が明かす。

「私は、もともと河野さんには『出るべきだ』と言っていた。だけど、それは菅長官が出るなんて思わなかったからであって、長官が出るのなら河野さんは出るべきでにたい。河野さんからは『推薦人になってくれ』と頼まれたけど、断った」

菅にとって、河野は最側近として、政権を支える立場になってもらわなければならない。私は、菅にこんな質問をした。

「河野さんは突っ走っていますが、傷が深くならないうちに、〝菅支持〟を言わせるように説得すべきという意見もありますが？」

菅は、強く否定した。

「いや、俺はこういうのは絶対許さない。厳しいからね。やれるもんなら、やればいい」

売られたケンカは買ってやる。河野を突き放していた。

結局、河野は、自らが所属する派閥の領袖である麻生から止められ、9月1日、出馬を断念する。この知らせを聞いた菅は、河野本人に伝わるように、自民党の若手議員に語ったという。

「ほらみろ、河野は推薦人すら集められなかっただろ。何でもかんでも、手を挙げて動けば良いというものではないんだ」

この1週間後、小泉が地元・横須賀市連の会合で、何事もなかったように、菅のパンフレットを手にして応援する写真がSNSにアップされる。河野も、結局、菅の支持に回った。この一連の動きは、菅を側近として支えるべき議員らの結束力が、菅が想像していた以上に脆《もろ》いものだということを暗示していた。

真夏の雪崩

この総裁選において、菅にとって誤算だったのは、この河野と小泉の〝造反〟だけだった。

8月31日、立候補の意向を固めた岸田は、総理官邸を訪れ、安倍との会談に臨む。岸田にとって、安倍からの支援取り付けが頼みの綱であったし、必ず支援をしてくれるだろうと踏んでいた。しかし、安倍は「個別の名前は挙げられない」と述べ、岸田支持を明言しなかった。直後の官邸でのぶら下がりで、岸田の顔は明らかに引き攣《つ》って見えた。

「お力添えをお願いしました。うーん……まあこれからということなんでしょう。以上です」

安倍からの後継指名を期待していた岸田陣営にとっては、出鼻をくじく、大きな誤算だった。

一方の菅は9月1日、最大派閥・細田派会長の細田博之と会談し、「安倍政権の継承」を確認した。官房長官として安倍政権を支えてきた「正統な後継者」という立場を前面にアピールしていく。菅は2日午後になって、ようやく国会内で出馬会見に臨んだが、その時点ではすでに岸田派と石破派以外のすべての派閥が、我先にと〝菅支持〟を打ち出し、さながら真夏の雪崩《なだれ》のような勢いとなった。

菅の出馬会見の裏では、同じ国会内で、主要派閥である細田派・麻生派・竹下派のトップが並んで記者会見を開き、菅支持を表明するという珍しい現象も起きていた。菅の支持を真っ先に表明した二階派からは「我々は声をかけられなかった」と怒りの声が上がるなど、早くも菅陣営の中での主導権争いも表面化していた。

菅は、出馬会見の冒頭で、立候補の理由について、安倍総理の突然の辞任を受けて、やむにやまれず決断したという〝ストーリー〟を語った。

「安倍総理が道半ばで退かれることになりました。総理の無念な思いを推察をいたしております。しかし、この国難にあって政治の空白は決して許されません。一刻の猶予もありません。この危機を乗り越え、全ての国民の皆さんが安心できる生活を一日も早く取り戻すことができるために、1人の政治家として安倍政権を支えたものとして、今なすべきことは何か。熟慮をしてまいりました。そして私は、自由民主党総裁選挙に立候補する決意をいたしました」

この出馬会見の原稿を作成するに当たって、菅が最もこだわった部分があった。それは、当初の原稿案にはなかった菅の生い立ちを演説の前半に加えることだった。菅は、「自分の秋田出身の〝たたき上げ〟という原点を、国民に伝えたい」と強く主張した。

菅義偉の原点

菅の原点とは一体何か。私は2015年、日本テレビで菅の生い立ちを特集するために、故郷、秋田県湯沢市（旧雄勝《おがち》郡雄勝町秋ノ宮）に向かっていた。秋田空港から車で1時間ほど進み、山形との県境近くにまで下ると、まだ11月末だというのに、すでに山々の頂稜《ちょうりょう》は白く雪で覆われていた。

車から降りると、菅の幼馴染で小学校から高校まで同じ学校で過ごした由利昌司が、わざわざ自宅の玄関まで出て、東北人特有の温かみのある笑顔で迎えてくれた。私が、庭の木々に縄を使った囲いが施されているのを不思議そうに見ると、うれしそうに説明してくれた。

「この辺りは、雪が本当にたくさん降るから、ああして木を守らなければならないのですよ」

炬燵《こたつ》に入った私の前に、用意してくれていた菅との思い出の写真を並べる。きょうだいて囲まれて座る3歳の菅の白黒写真。真ん丸い顔に照れくさそうな笑みを浮かべていた。

「あまり人前に出たがらないタイプでしたね。すごくシャイで」

お茶を淹《い》れに来てくれた由利の妻が、笑いながら話に加わる。

「私も義偉くんの同級生でしたが、私たち女の子から声をかけられると、真っ赤になって話ができなくなってしまうのですよ」

そういえば、菅は女性記者と2人きりで取材を受けることをほとんどしない。女性記者には口が緩くなるのが当たり前の永田町では、極めて珍しい政治家だった。

由利が中学時代のエピソードを紹介してくれる。

「中学3年生の学芸発表会のときに、クラスで役決めをしたのです。そのとき、義偉くんは絶対に自分から手を挙げないんですよ。でも、まわりから主役に決められてしまったんです。義偉くんは、大人しいんだけど面倒見がよくて、自然とまわりに慕う友達が集まってくるんですよね」

菅は農家の長男としてこの雪深い村で育った。父の和三郎《わさぶろう》は満鉄職員で、終戦後、満州から引き上げてきた。義偉という名前は、和三郎の満鉄の上司が「この名前をつければ偉くなるから」と言って名付けてくれた。和三郎は、ことあるごとに「名前負けする人間になるなよ」と長男を厳しく育ててきた。その和三郎はイチゴ農家として作物の品種改良に挑み、「ニューワサ」というブランド品種で全国的にその名を知られるようになるほどのやり手だった。

由利が菅の家庭について、こんな思い出を語った。

「その当時、『冒険王』という月刊漫画誌があったんです。私たちの地域では、普通の家庭ではその月刊誌は買えなかったんだけど、義偉くんの家はそれを定期購読していたのです。毎月何日にその雑誌が配達されるかは近所中の子供全員が知っていて、その日になると義偉くんが家に帰る前に子供たちがみんな集まってきちゃう。義偉くんは封を切って自分が先に読むのではなく、必ず小さい子供たちに読ませるんです。自分は夜にみんなが帰ってから読んでいたんでしょうね。いつもまわりに気遣いができて、誰かと喧嘩をしたところなんて見たことがなかったですね」

勉強もスポーツもできたという菅は、県立湯沢高校に進学する。そして3年後、卒業が近くなると、由利はある異変に気付く。

「義偉くんは、卒業後に何をしたいかというのが見つけられなかったんですよ。それで卒業間近になって、高校の就職担当の先生にお願いをして、急遽、東京・板橋区の段ボール工場への就職を紹介してもらったんです。そこに決めたのは、住み込みで働けるという理由からでした。もちろんお父さんは大反対でしたよ。でも、義偉くんは曲げなかった。だから、家出同然で上京していったんです」

卒業してから20年間、由利は上京した菅と音信不通になったという。

2015年当時、この特集の制作のために菅にインタビューしたが、自身の生い立ちについては決して多くを語りたがらなかった。

「長官にとって、故郷というのはどういう存在ですか？」

途端に苦悶《くもん》するように表情を歪める。

「思い出したくないことがいっぱいある。それでも、あそこが俺の原点だからね。すごく閉鎖的なところなんだよね。雪深くて、どんよりしていて。とにかく田舎が嫌で、東京に出てくれれば何か良いことがあるだろうと思っていたんだけど」

両親の反対を押し切り、希望と不安を抱えながら18歳で上京した菅は、段ボール工場で働き始める。

「東京に出て工場で働き始めたんだけど、何も良いことなんてなかった。現実はすごく厳しかった」

2年間悩みながら働いた後、とりあえずは大学に入ろうと、授業料が一番安かったという法政大学を受験し、入学する。大学では空手部に所属していた。同じ空手部に所属していた岡本信寿は「体は小さかったけど、とにかく粘り強かった」と当時の菅を振り返る。岡本が覚えている大学時代の菅は、アルバイトに明け暮れ、苦労していたという。

新聞社で刷り上がった新聞を積み込む仕事や築地市場でのバイトを掛け持ちし、学費に充てていた。

「築地でバイトを終えた後に、バスに乗ったら寝過ごしてしまって、車庫で運転手さんに起こされたことが何度もあったな」

菅が私に漏らした数少ない大学時代の思い出だ。

そして、卒業後、菅は一度、民間企業に就職する。しかし、そこでも「自分が本当にやりたいことは何か」と悶々と思い悩みながら過ごしていた。そんなある日、ふとした瞬間に「もしかしたら、社会を動かしているのは政治かもしれない」という考えが脳裏に浮かぶ。菅は居ても立ってもいられず、法政大学の就職課に駆け込み、「先輩の政治家を紹介してください」と頼んだ。

その縁で行き着いたのが、神奈川・横浜市を地盤とする衆議院議員で、自民党・中曽根派の小此木《おこのぎ》彦三郎の事務所だった。これが菅の人生を大きく変える転機となる。秘書として水を得た魚のようにアクセル全開で働き始めた菅は、政治の世界こそ、自分が人生を懸ける価値のある天職だったことを知る。それでも、まさか自分自身が政治家になれるなどとは想像すらしていなかった。

7人いた事務所秘書の一番下っ端として働き始めた菅だったが、頭角を現すまでに時罰はかからなかった。小此木は、休むことなく、靴を何足も履き潰して歩き回る菅を、どの秘書よりもかわいがった。菅は小此木の自宅近くのアパートを借り、毎日、小此木の自宅で朝食をともにし、箸の上げ下げから厳しく指導された。

すぐに小此木の信頼を得た菅は、事務所の電鉄担当を命じられる。運輸族だった小此木にとって、地元・横浜に乗り入れる東急、相鉄、京急などの鉄道会社は、重要な後援企業だった。菅は、こうした電鉄会社の担当者との人脈を作っていく。当時から、酒は一滴も飲めず、宴席では無理やり飲まされて、隠れて吐くこともあったという。それでも、菅は小此木のため、24時間365日、寝食を忘れ、休むことなく働き続けることで、地元の関係者たちの信頼も勝ち得ていったのだ。

秘書として働き始めて5年ほど経ったとき、2つ目の転機が訪れる。家出同然で秋田を飛び出していった菅であったが、いつかは故郷に戻らなければいけないという思いは持ち続けていた。30歳を迎えたのを契機に、地元・秋田へ戻り、家業を継ぐことを決意する。しかし、そんなときに、偶然、小此木が参議院選挙の応援で秋田県に入ることになり、菅も同行することになった。秋田に入った小此木は、菅にこう告げる。

「お前の実家に寄って行こう」

急遽、スケジュール変更をして菅の実家を訪れた小此木は、両親の顔を見るなり、頭を下げた。

「もう少しだけ、うちで預からせてください」

このときのことを、菅は懐かしそうに振り返る。

「現職の国会議員がわざわざ秋田の山奥を訪れて直接お願いしたものだから、帰ってきてほしいと思っていた両親も、『どうぞお願いします』ということになったんだ。これで、『秋田に帰らなければいけない』という気持ちが消えたんだよね。これが人生の大きなターニングポイントの一つになった」

政治の世界で生きていくことを決めた菅は、より一層、秘書としての仕事に打ち込む。事務所の先輩秘書たちを追い抜き、小此木が通産大臣になったときには、大臣秘書官として外遊に同行するまでに至ったのだ。

この頃、菅はある不思議な人物との出会いを経験したという。「結婚式場協議会」という、結婚式場を若いカップルに紹介する会社を立ち上げた、木村武夫という社長だった。ある日、菅は「横浜駅の駅ビルに支店を出したい」という木村の陳情を受け付け、そこから不思議な縁が始まる。菅は、この木村こそ、「自分が最も影響を受けた人間だ」と断言する。

木村は、小此木事務所で馬車馬のように働いていた菅を気に入る。パーティーやイベントを横浜で主催しては、必ず菅を自分の隣に座らせた。そして、挨拶に来た人たちに菅を紹介していった。そうすることで、地元・横浜での菅の人脈を広げていったのだ。とにかく菅をかわいがってくれた。そんな木村が、あるとき、菅に予言めいた話をしたのだ。

「菅さん、私には将来が見えるんです。菅さんは、必ず大臣になりますよ。私にはそれが見えるんだから、間違いない」

このとき、菅は「市会議員になることも夢のまた夢なのに」と思っていた。それでも、木村のこの言葉は、なぜか菅の耳の奥に残り続けていた。

秘書として11年間過ごしていた菅に、もう一つの大きな転機が訪れる。菅が37歳のときだった。翌年迎える横浜市議会議員選挙を前に、横浜市西区の自民党の市議会議員が77歳で勇退することになり、息子に後を継がせることが決まった。ところが、ある日、その息子が菅と同じ37歳という若さで、選挙の準備中に急逝《きゅうせい》したのだ。

その瞬間、菅はこう思ったという。

「これは、もしかしたら運命かもしれない」

それまで政治家になるなんて、一度も真剣に考えたことがなかった。しかし、その訃報を聞いた瞬間、菅が思い出したのは、あの言葉だった。

〝菅さんは大臣にまでなるんだから〟

菅はすぐに木村のところに相談に行く。すると、木村は笑って、こんな言葉を返したのだ。

「菅さんが出馬するのは、当たり前だよ。大臣になる運命なんだから」

その言葉を聞いた瞬間、菅は決断する。

菅が出馬を決心した西区の選挙区は、定数3のところに自民党8300票、公明党が8100票、民社党が7900票と400票以内の僅差で争うという激戦区だった。しかも、菅が挑もうという選挙からは、定数が1減して2となり、さらに厳しい戦いとなることは確実だった。さらに、引退を決めていた77歳の長老議員は、息子の死を受けて、一転、「自分が出馬する」と方針を変えたのだ。

こうした状況下で、菅の周囲は「やめた方がいい」と出馬を取りやめるように説得する。11年間、仕えてきた小此木も、「勝ち目はないから、やめろ」と大反対した。

それでも菅の決意が揺らぐことはなかった。小此木事務所に辞表を提出し、1人で選挙活動を開始したのだ。このとき、菅には6歳、3歳、生後6カ月という3人の息子がいた。まさに背水の陣だった。普通だったら、選挙に出るとなれば、同級生らが支援を買って出てくれる。しかし、秋田出身の菅には、そんな友達はいなかった。代わりに菅を助けてくれたのが、秘書時代に菅をかわいがってくれた経済人たちだった。電鉄の担当者たちは、菅のために大量にボランティアを動員してくれた。木村は600人しか入らない横浜市内の演説会場に、2千人もの観衆を集めてくれた。

結局、菅の気迫に押され、77歳の長老議員は県会議員選挙に鞍替えする。菅は、事前の下馬評を覆し、初当選を果たすことになる。自民党が菅に公認を与えたのは、選挙前のギリギリになってからだった。菅はこの選挙こそ、自分の政治の原点だと語る。

「自民党の一番悪い部分を見たんだよね。でも、自分は自民党には世話にならないで当選した。だから、怖いものがなかった。内部から、自民党を変えてやろうと思ったんだ」

戦いに挑もうとする若手候補者を誰一人応援せず、寄ってたかって足を引っ張ろうとしたのが自民党だった。個々の議員が強い意志を持たず、長いものに巻かれ、まわりに流されて動くだけなのが自民党の本質だと、菅はこのとき、すでに見抜いていたという。

だからこそ、横浜市議となった菅は1回生にもかかわらず、怖いものなしで市議会を牛耳る存在になる。90年4月、小此木彦三郎や菅らが擁立した元建設官僚の高秀秀信《たかひでひでのぶ》が横浜市長選に勝利する。横浜市の行政について何も知らない高秀に対し、小此木は「人事はすべて菅に相談しろ」と指示した。

菅は、必ず月に1回は市長室に赴き、人事を含め、あらゆる事項について市長の高秀に細かくアドバイスをしていった。こうした姿は、当然、市役所の職員の目にも入り、菅の存在感は増していく。菅が役人にとっての「人事権」の重要性を知ったのはこのときだった。すぐに菅は〝影の横浜市長〟と呼ばれるようになる。

そして、横浜市議を2期務めた菅は、国政に打って出る。市議選のときと打って変わって、このときは、「俺が国会議員にならなければ誰がなるんだ」と自信をみなぎらせていた。96年10月、47歳で衆議院議員選挙に初当選を果たす。段ボール工場に住み込みで働いていた秋田の青年は、30年の時を経て、ついに国権の最高機関の門をくぐることになったのだ。

国会議員になった菅は、こんなことを感じたという。

「国会議員になって、まわりを見ると東大とかハーバード大を出たような経歴を持つ人ばかりだった。でも、自分の主義主張を最後まで貫く人はいないんだなと気付いた。最後は自分で判断できず、流れに身を任せる人ばかりなんだよね」

銀の匙《さじ》をくわえて生まれてきた二世議員たちとは同じにしてほしくない。自分の腕一つでのし上がってきたという強烈な自負と意地が、菅にはあった。

出馬会見の成功

２０２０年９月２日、総裁選への出馬会見に臨んだ菅は、自らの原点をこう語った。

「私の原点について少しだけお話をさせていただきたいと思います。雪深い秋田の農家の長男に生まれ、地元で高校まで卒業をいたしました。卒業後、すぐに農家を継ぐことに抵抗を感じ、就職のために東京に出てまいりました。

町工場で働き始めましたが、すぐに厳しい現実に直面をし、紆余曲折を経て、２年遅れて、法政大学に進みました。一旦は、民間企業に就職しましたが、世の中が見え始めたところ、もしかしたら、この国を動かしてるのは政治ではないか。そうした思いに至り、縁があって横浜選出の国会議員、小此木彦三郎先生の事務所に秘書として、たどり着きました。26歳のころです。

秘書を11年務めたところ、偶然、横浜市会議員選挙に挑戦する機会に恵まれ、38歳で市会議員に当選しました。そして地方政治に携わる中で、国民の生活をさらによくしていくためには、地方分権を進めなければならない。そういう思いの中で国政を目指し、47歳で当選させていただきました。

地縁も血縁もないところから、まさにゼロからのスタートでありました。世の中には、数多くの当たり前でないことが残っております。それを見逃さず、国民生活を豊かにし、この国がさらに力強く成長するために、いかなる改革が求められているのか。そのことを常に考えてまいりました」

たたき上げという出自を、自身の独自色としてアピールしたいというこだわりだったが、この狙いが奏功する。選挙戦を通じて、菅は演説の中で、自らの原点を繰り返し、伝えていった。小泉純一郎、安倍晋三、福田康夫、麻生太郎といった二世・三世の政治エリートが自民党内で権力の座を継承し続けてきた流れの中で、まったく異質の〝非世襲の苦労人〟の登場が、国民に好意的に受け止められたのだ。菅の肝煎《きもい》りとして加えた「デジタル庁創設」、「不妊治療への保険適用」という公約も、ネット上で評判となった。

この総裁選には、菅の他に岸田と石破が立候補していた。総裁選告示後の初めての週末にNNNと読売新聞が行った世論調査で、安倍の次の総理には誰がふさわしいと思うか尋ねたところ、菅が46％、石破が33％、岸田が9％。さらに自民党支持者に限ると、菅が63％、石破が22％、岸田が8％となった。

主要派閥を押さえ、議員票の大多数を固めてきた菅だったが、都道府県別の地方票でも、世論の人気が高い石破を上回る圧倒的な支持を広げていったのだ。

官房長官は誰に？

9月14日の投開票日の3日前、菅に都内のホテルのレストランで朝食に誘われる。

「はい、どうも！」

個室に入ってきた菅は、意気軒昂《けんこう》だった。ジュースとトーストに、バナナ入りのヨーグルトを注文する。

「情勢はどうですか？」

「俺が強いだろう。地方票は6割は取れそうだよ。国民は、俺みたいな世襲でもない政治家を待望していたんだろうな」

永田町の関心は、早くも総裁選後の人事に移っていた。新聞各紙では、早くも「二階幹事長は続投へ」という観測記事が飛び交っていた。

「今回の人事のテーマは何ですか？」

「『国民のために働く内閣』なんだから、働いてくれる人だよ。人気取りはやらない」

この人事で、焦点となっていたのは総理の女房役である官房長官に誰を据えるかだった。歴代最長の官房長官として、その職務を知り尽くした菅だからこそ、誰を後任に置くかは関心の的だった。私は、官房副長官時代から「俺と政治的センスがそっくりだ」と目をかけてきた萩生田光一か、国対委員長として全幅の信頼を置いてきた森山裕のどちらかだとにらんでいた。

「官房長官は大事ですよね。萩生田さんか森山さんが良いのでは？」

菅が楽しそうに話に乗ってくる。

「みんな官房長官について、気にしているよね。森山さんの名前はよく聞くね」

「でも、内閣の顔としては、重鎮すぎるでしょうか」

「それは、そうだろうね」

やはり本命は萩生田か。

「萩生田さんは突破力がありますよね？　失言の心配は少しあるかもしれませんが」

「ワハハハ」

菅が珍しく大爆笑する。

「梶山（弘志《ひろし》）さんという説もありますね」

「やっぱり経産大臣として、しっかりしているからね」

「加藤（勝信）さんも、答弁は安定していますね」

「うん、十分できるだろうね」

「河野官房長官は人気が出ると思いますが」

「官房長官というのは、自分を殺してやらないといけないんだよ」

否定的なニュアンスが含まれていた。そう言い終わると、黙ってヨーグルトをスプーンでかき混ぜ始めた。この時点で、人事の情報を軽々に漏らすつもりはなかったのだろう。

そして9月14日午後2時、グランドプリンスホテル新高輪の会議場で、自民党の全国会議員394名による投票が始まる。菅が名前を呼ばれ、投票用紙を手に壇上に上がると、一斉にフラッシュがたかれる。そして、すべての投票が終わると、野田毅《たけし》選挙管理委員長が各候補者の議員票と地方票を合わせた投票数を読み上げる。

菅 377票
岸田 89票
石破 68票

歴史的な圧勝だった。当選者として、菅の名前が読み上げられると、議員団の真ん中に座っていた菅は立ち上がり、壇上に向かい深々とお辞儀をする。そして、右、後ろ、左に座る議員に向かって順番に頭を下げると、両手を挙げて拍手に応えた。その表情は勝者とは思えない険しさで、右手に握られたままになっていた白いマスクだけが力なく揺れていた。

菅は、この夜、さっそく人事に着手する。まずは新たな党4役への伝達が行われた。総裁選前から、後ろ盾となり続けていた二階は予想通り、幹事長に留任。政調会長は岸田に代えて、細田派の下村博文《はくぶん》。総務会長に麻生派の佐藤勉《つとむ》、選対委員長には竹下派の山口泰明を充てた。下村、佐藤、山口の3人は、96年初当選の同期で、特に佐藤と山口は今回の総裁選で菅の選挙対策の中心を担っていた。

翌日は、閣僚人事が行われたが、菅はこの人事を各派閥の領袖にも相談せずに1人で決めていた。そのため、速報を競う各社は「河野総務相で内定」、「武田（良太）国家公安委員長が留任」などと真偽不明の情報に惑わされ、誤報を連発する事態となっていた。

そして、夜になると全貌が明らかになる。官房長官に選ばれたのは厚労大臣を務め、菅の下で副長官も務めた加藤勝信、行政改革担当大臣に河野太郎、そして、環境大臣には小泉進次郎が再任された。麻生太郎副総理兼財務大臣ら主要閣僚は軒並み続投となった。20人の閣僚のうち、初入閣は5人だけで、菅らしい奇をてらわない人事だったが、党内からも「地味すぎて、菅カラーが伝わらない」との批判も聞かれた。

その中でも、私が引っかかっていたのは、なぜ加藤を官房長官に起用したのかということだった。15年前、菅が、官房長官人事で失敗した過去の痛い経験を目のあたりにしていたからだ。

〝お友達内閣〟の蹉跌《さてつ》

2006年9月、5年5カ月間、総理大臣を務めてきた小泉純一郎の総裁任期満了に伴う自民党総裁選は、谷垣禎一財務相、麻生太郎外相、そして安倍晋三官房長官の3人で争われた。

この選挙戦で、戦後最年少の総理を目指す安倍が頼ったのが、当時まだ当選4回の菅だった。安倍と菅が関係を深めることになったきっかけは北朝鮮問題だった。２００２年、自民党総務会で、北朝鮮に対する強硬な制裁を訴えていた当時２回生の菅の姿が、安倍の目に留まり、２人は意気投合する。菅は、このときから、「安倍には、しっかりとした国家観がある。いつかは総理大臣にしたい」との思いを胸に秘めていた。その安倍が、自民党総裁選を戦うに当たって、菅に議員票の取りまとめを依頼する。

「菅ちゃん、できれば80人は集めてほしい」

安倍が所属する森派からは、福田康夫前官房長官が総裁選への出馬の動きを見せていた。そこで、菅は派閥横断の若手中堅議員で安倍を支援するためのグループ、「再チャレンジ支援議員連盟」を立ち上げる。そして、この議連には最終的に94人の国会議員が名を連ねることになる。安倍陣営の１人は「これで総裁選の流れは決まった」と振り返る。菅の剛腕が発揮されたのだ。

結局、安倍は議員票・地方票の３分の２を集める圧勝で、第21代総裁の座に就く。

この総裁選の３日前の２００６年９月17日、菅は安倍から首相官邸にある官房長官執務室に呼び出された。安倍からの呼び出しを受けた瞬間、菅は「総裁選後の人事の話だな」と直感したという。そして、「もしかしたら俺を官房長官にすると言うのかもしれない」という淡い期待が、頭をよぎった。しかし、安倍の言葉は、まったく予想外のものだった。

「今回の総裁選では、いろいろお世話になり、ありがとうございました」

安倍が伝えたのは、菅の働きに対する慰労の言葉だけだった。しかし、このとき、菅にはどうしても安倍に伝えなければならないことがあった。

「安倍さん、一つだけいいでしょうか。塩崎（恭久《やすひさ》）さんのことなのですが」

永田町では、安倍の盟友である塩崎が官房長官になるのではないかとの噂が駆け巡っていた。塩崎は安倍が根本匠《たくみ》、石原伸晃《のぶてる》とともに結成した政策研究グループ「ＮＡＩＳの会」のメンバーで、経済企画庁長官を務めた塩崎潤を父に持つ二世議員だった。東大を出て、日銀に入ったエリート中のエリートの塩崎とは、ともに父親の秘書官として働くという境遇を共有し、安倍が最も信頼する〝お友達〟の１人だった。

菅が、意を決するように言葉を継ぐ。

「官房長官ですが、塩崎さんだけはやめた方が良いです。人事は総理大臣の専権事項ですから私も従いますけれども、塩崎さんは一番合っていない人だと思います。安倍さんは塩崎さんを信頼されているのでしょうけども、それは外務大臣だって、財務大臣だって良いと思いますけども、官房長官だけはやめられた方がよろしいと思います」

一気に言い終わると、安倍は一瞬、戸惑うような表情を見せた後、苦笑いしながら答える。

「いや、そうだよね。塩ちゃんはそういうところがあるんだよな」

菅は、総理と一体となって政権の舵取りを行う官房長官こそ、内閣の命運を握ると考えていた。永田町で、塩崎の政策立案能力を疑う者はいなかった。一方で、菅は塩崎には調整能力が欠けていると考えていた。だから、越権行為と知りながらも、進言しないではいられなかったのだ。

しかし、その9日後、安倍が官房長官に選んだのは塩崎だった。菅には4回生としては大抜擢となる総務大臣の椅子が用意された。

塩崎の人事を聞いた菅は、周辺にこう漏らしたという。

「結局、安倍さんは、自分と同じような育ちをした人しかまわりに置けないんだよな」

実際に、このときの安倍内閣は〝お友達内閣〟と揶揄《やゆ》され、わずか1年で瓦解する。

菅〝スーパー一強〟政権

菅をよく知る官僚は、加藤の官房長官への起用について解説した。

「加藤さんを長官にした最大の理由は、自分の寝首をかかないからだよ。いまや、官房長官は絶大な権力を握り、長官を経験しないと総理になれないとまで言われている。菅さんは、官房長官として、国対委員長も選対委員長も幹事長も兼ねていたようなものだった。官僚的な加藤さんには、最低限の守りの部分だけをやらせて、今までの役割は、引き続き、自分がやっていくということだよ」

菅は、もう1人、自分の分身となるような官房長官は望んでいなかったという説明は、腑《ふ》に落ちた。「菅総理には菅官房長官がいない」という指摘はよく聞くが、「菅総理は菅官房長官を欲していない」ということだ。だから、霞が関ににらみが利く萩生田でも、国会対策に熟達した森山でもなく、財務省出身で手堅い、調和型の加藤を選んだのだ。

そして、この官僚は続けた。

「安倍官邸は、安倍総理を頂点に菅・今井が支えるトライアングルだった。それが安倍・今井がいなくなって、菅総理が、今井さんがやっていた仕事の95％を自分でやっている。だから、誰も反対意見を言えない状況になっている。菅〝スーパー一強〟政権だよ」

息を潜《ひそ》めながら、最後に、こう付け加えた。

「支持率が上がっているときは良いけど、落ち始めたら菅さん本人の問題になるからね」

菅は、総理になった際に、総理秘書官のほとんど全員に官房長官時代からの秘書官を登用した。そして、最初に総理執務室に全員を集めると、こう告げた。

「俺は、今井は作らないから」

安倍が、いつ誰に会い、何を発信するか。どの政策をいかなるタイミングで打ち出すか。そして、中長期的な解散戦略から人事まで、安倍が全幅の信頼を置き、政務と公務のすべてを一心同体で取り仕切っていたのが、異能の官僚、今井尚哉だった。

一方の菅は、官房長官時代から、朝昼夜の会合の相手は誰にするかは自分で決めて、自らアポを調整していく。「この会食の相手には、秋田名物の稲庭うどん。こっちには、チョコレートを」と手土産の種類まで、細かく秘書に指示していた。決定はすべて自分が下す。だから、自らの分身となって働く官房長官も補佐官も必要としていなかったのだ。

総理の椅子に座った菅は、上機嫌で周辺にこう語ったという。

「総理というのは良いな。指示をしたら、みんながやってくれるからな」

高支持率でのスタート

総理大臣に就任した翌日の午後、菅からの着信がある。

「おい、支持率すごいぞ。共同（通信）が66％、日経が74％だって」

国会内の記者クラブから飛び出て、電話を受けたが、静寂な廊下に響き渡りそうなくらい、興奮した声だった。各社が行った緊急世論調査は、軒並み高い内閣支持率を示していた。日経新聞の74％は、政権発足時としては過去3番目の高さとなった。これは、安倍内閣での8月の前回調査から19ポイント上昇したもので、支持する理由として「首相の人柄」や「安定感」を挙げる回答が多かった。

この約10日後、総理に就任した菅と初めて会う機会を持った。菅は、総裁選を振り返ってみせた。

「岸田さんが伸びなかったことが、勝利の最大の要因だったね。岸田さんは次もまだやる気のようだけど、あの地方票では厳しいよね。石破さんも、今後が難しい。あとは、次の世代で誰が出てくるかということになるね」

菅は、人事で岸田と石破を干し上げていた。そして、早くも次の総裁選を見据えていた。

「次の世代というと、河野さんや小泉さんでしょうか」

「まだまだ経験が足りないね」

そう言うと、ニヤリと笑った。

「10年くらいやるかな」

そして、自民党内では、「支持率が高いうちに解散を打つべきだ」との意見が強まっていた。しかし、菅は明確に否定した。

「支持率が高いのに解散しないのは『もったいない』という人もたくさんいる。だけど、俺は、やるべきことをやるんだよ。仕事をしたいから総理大臣になったんだ。携帯料金を引き下げ、不妊治療を支援し、デジタル化を進める。『早く衆院選をやれば安定政権になる』とアドバイスをする人もいるが、そんな理由で選挙をやりたくないよ。それで安定政権になったからって、それがどうしたって感じだ」

その高揚感がひしひしと伝わり、私まで、この高支持率は永遠に続くような錯覚に陥りそうだった。最高のスタートを切った菅内閣だったが、すぐに大きな試練が待ち受けていた。

学術会議「任命拒否」問題

またしても共産党の機関紙である「しんぶん赤旗」のスクープだった。10月1日の紙面で「菅首相が日本学術会議推薦の新会員のうち、６人の任命を拒否した」と報道したのだ。

日本学術会議は、人文・社会科学、自然科学全分野の科学者の意見をまとめ、国内外に対して発信する日本の代表機関で、別名「学者の国会」とも呼ばれる。総理大臣の所轄の下、政府から独立して政策の提言などを行っている。会員は２１０人で、「学術会議からの推薦に基づいて、総理大臣が任命する」と法律で定められており、任期は６年。３年ごとに半数が改選されるのに伴い、今回も学術会議は１０５人を推薦していた。しかし、菅が、そのうちの6人の任命を拒否したことが問題視された。この6人には安保法制などに反対していた学者も含まれ、野党側は「憲法で保障された学問の自由の侵害だ」と猛反発した。

菅はこれまでも霞が関の人事をテコに、役所を動かしてきたと公言してきたため、今回の露骨な人事介入に対して、「これが菅流のやり方か」との批判が上がっていた。

しかし、当初から、菅のこの問題への反応は鈍かった。翌日、電話で切り込む。

「なぜ、こんな問題が起きてしまったのですか？」

「学術会議の会員になったら、特別職国家公務員になるんだよ。任命をするんだから、こちらにも責任があるし、拒否したって問題はない。それに、これまでは推薦する前に、事前調整をやっていたのに、今回はいきなり来たんだよ」

「なぜ、今回は事前調整なしに変わったのでしょうか？」

「それは分からない」

ほとんど詳細は把握していないような曖昧《あいまい》な答えばかりだった。数日後、アポを取り、改めて質すが、強い危機感は感じられなかった。

「きちんと説明すれば、理解してもらえると思うよ。『学術会議は政府の機関であって、年間10億円の予算で活動している』と説明していこうと思う。あと、会員の人選は、事実上、今の会員が自分の後任を指名できる仕組みになっている。それはおかしいでしょう。省庁再編の際にも、学術会議は『総合的・俯瞰《ふかん》的な観点から活動することが求められている』と指摘されているから、その観点から、今回の任命については『総合的・俯瞰的な観点から』判断したと説明していく」

菅は、学術会議自体を一部の学者による〝既得権益〟と捉え、そこを打ち壊すことで国民からの支持を得られると考えていたのだ。

「それでも、学問の自由への侵害との批判はありますよね？」

「学問はやってもらえればいい。まったく、そこを侵害するつもりはない」

なぜ、菅は６人の任命を拒否したのか、そこが問題の本質だった。

「あの６人が〝左寄り〟と考えたことが、拒否した理由なのでしょうか？」

「そうでもないでしょ。全体のバランスなんじゃないかな」

「総理が、『この人はダメだ』と言ったのではないのですか？」

「言わないよ。名前も覚えていないくらいだ。野党に追及されたって、何も出てこないよ」

そう言い終えると、上着のポケットからガラケーを取り出した。

「ＴＢＳの世論調査でも、学術会議をめぐる政府の対応に賛成している人が24％で反対が51％。これまでの問題だと、反対は70％から80％までになっていたから、国民はそこまで関心がないということでしょう」

森友・加計のような深刻な問題には発展しないだろうという見立てだった。菅としては、事務方の杉田和博官房副長官から上がってきた案を了承しただけで、菅自身が強いこだわりを持って拒否したわけではないという印象を受けた。そして、こだわりがなかったからこそ、「これは簡単に乗り切れる」と高をくくっていたようにも感じた。

10月26日に召集された臨時国会は、菅内閣発足後、初めての国会論戦の舞台となったが、学術会議問題で野党の集中砲火を浴びることとなる。

当初、「総合的・俯瞰的な観点から判断した」と繰り返し説明していた菅だったが、10月30日の参院本会議での代表質問では、突如として、新しい説明を始める。

「個々人の任命の理由については、人事に関することであり、お答えを差し控えますが、任命を行う際には、総合的、俯瞰的な活動、すなわち専門分野の枠にとらわれない広い視野に立ってバランスの取れた活動を行い、国の予算を投じる機関として国民に理解される存在であるべきだということ、更に言えば、例えば、民間出身者や若手が少なく、出身や大学にも偏りが見られることも踏まえて、多様性が大事だということを念頭に、私が任命権者として判断をいたしました」

本会議場では、野党から怒号のような激しいヤジが飛び、菅は演説の途中で何度も議長に注意を求めた。学術会議の会員が国立大学出身者に偏っているという、もっともらしい理屈だったが、これはどう考えても後付けの理由でしかなかった。すぐに野党側から反論をされた。

「任命拒否された6人のうち、３人は私大出身者ではないか」

予算委員会でも、過去の政府答弁との矛盾や、任命に当たっての事前調整について野党から厳しい追及が連日続いた。菅が答えに窮し、立ち往生する場面が連日、ワイドショーやニュースで映し出された。後ろに控えるはずの秘書官が、総理の隣に身を寄せ、その場で手書きで答弁原稿を書くという、前代未聞の事態まで起きていた。

結局、この問題は、政府・自民党によって徐々に学術会議の組織改革の議論にすり替えられていく。そして、菅が当初にらんだ通り、多くの国民の関心は臨時国会の閉会に伴い、段々と薄れていった。結局、なぜ任命拒否が起きたかという問題の本質は一切、明らかになることはなかった。

だが、この問題をめぐる菅内閣の対応は、都合の悪いことは説明しないまま、強弁で押し通すという、安倍政権が批判されてきた姿勢と大きく重なるという印象を強く植え付けることとなった。菅政権に「清新さ」を感じていた無党派層の期待を、「結局、安倍政権と変わらない」という失望に変えるには、十分な出来事だった。

脱炭素宣言の決断

この臨時国会冒頭の所信表明演説で、菅は、あるサプライズを用意していた。

「我が国は、2050年までに、温室効果ガスの排出を全体としてゼロにする、すなわち2050年カーボンニュートラル、脱炭素社会の実現を目指すことを、ここに宣言いたします」

前を見据えたまま、力強く語ると、議場から大きな拍手が沸き起こった。事前の演説のリハーサルでも、この部分だけは、必ず目線を上げて強調しようと決め、繰り返し練習していた。

政府はこれまでも温室効果ガスの排出を実質ゼロとする「脱炭素社会」実現を目指してきたが、目標とする時期は「今世紀後半の早期」と曖昧なままだった。菅は、2050年という世界標準の目標へと前倒しすることで、温暖化対策に積極的な姿勢を国内外にアピールする狙いだった。

この3週間前、私は、菅の口から「温室効果ガスの排出ゼロを早期に宣言することを考えている」と聞いていた。

「日本の産業構造そのものを変えたいと思っている。今までは経産省が反対していたからできなかったけど、俺はやろうと思う」

経産省出身者の官邸官僚が力を持っていた安倍政権ではできなかった目標設定を、目玉政策として掲げようとしていたのだ。総理側近によると、菅はそこから誰にも相談せずに、所信表明演説でぶち上げる計画を練っていた。演説の原稿案は、事前に自民党や各閣僚にも根回しが行われるが、カーボンニュートラルの部分だけは空欄となっていたという。情報が事前に漏れれば、関係省庁や産業界からの強い反対が予想されたからだ。

菅自身は決して、それまで環境問題に熱心に取り組んでいたわけではない。しかし、この9月に経済・外交政策担当の補佐官として任命した参議院議員の阿達《あだち》雅志や環境相の小泉進次郎らと議論を重ねていくうちに、「これは先送りできない問題であるとともに、新たな成長戦略のエンジンにすることができる」と確信を深めていく。菅をよく知る官僚は、こうした政策を見極める菅の能力に舌を巻く。所信表明演説に盛り込まれた「デジタル庁」や「不妊治療への保険適用」も、目玉政策に据えたのは菅一流の政治家としての勘に基づく判断だった。

そして、「やる」と決めたら、予想される抵抗が大きければ大きいほど燃えるのが菅だ。前総理の安倍は「カーボンニュートラル宣言は、大変だったでしょう」と驚いたというが、菅は「いえ、そんなことなかったですよ」と平然と言ってのけた。多くの官僚は、「菅が総理のときでなければ、宣言に踏み切ることはできなかっただろう」と指摘した。

脱炭素宣言への構想を語ったあのとき、菅は「俺は、原発の処理水の海洋放出もやろうと思う」とも話していた。これは、東京電力福島第一原発に貯まるトリチウムなどを含む処理水の扱いをめぐる問題で、前政権から6年にわたって先送りが続いてきた。実際に菅は、この半年後に自民党内の反対を押しのけ、海洋放出に踏み切る判断を下した。

菅は、こう続けた。

「俺はたたき上げだから、しがらみがないんだよ。だから失うものがないし、怖いものがない。政府がやるべき課題は、もうみんな分かっていることだ。少子化対策、社会保障改革、東京一極集中問題、デジタル化、グリーン成長戦略。やるかやらないかだけだ。俺は総理として、国民のために、先送りが続いてきた課題に終止符を打っていく」

この言葉通り、菅は改革の手を緩めなかった。２０２０年12月、75歳以上の医療費窓口負担引き上げをめぐり、政府与党内で激しい議論が巻き起こっていた。２０２５年以降、団塊の世代が75歳以上となり、医療費の急増が見込まれる中、負担増の議論は待ったなしの状況にあったからだ。

しかし、衆院選を控え、与党内では、窓口負担を1割から2割に引き上げる対象について、できるだけ限定的にすべきとの意見が大勢だった。投票率が高い高齢者の反発を恐れたからだ。しかし、菅は「高齢者にも相応の負担をしてもらい、現役世代の過重な負担を軽減するべきだ」と頑として譲らなかった。

私にも、その強い決意を語っていた。

「若い人たちは、お金がなくたって負担しているんだよ。だから、払える高齢者には、払ってもらおうということだ」

「与党の反対が根強いですが？」

「与党は『選挙が近いから』と反対するけど、それは間違っている。国民は説明すれば、きちんと分かってくれる」

「医師会が反発しますね？」

「どうでもいいんだよ、そんなことは」

選挙対策を理由に必要な改革の手を緩めることで、問題はどんどん先送りされていく。日本政治の悪しき慣習を、踏襲するつもりはなかった。「次の世代のために、答えを出さなければならない問題に、責任と覚悟を持って取り組む。決して見て見ぬふりはしない」、こうした決断力と突破力こそ、〝菅カラー〟であり、菅が政治家として成し遂げたいことだった。

「国家観なき政治家」と揶揄される菅のこうした信念は、官房長官時代から貫かれているものだった。

目に見える政策を

安倍政権は「アベノミクスの『三本の矢』」、「一億総活躍社会」など看板政策を矢継ぎ早に打ち出し、国民を飽きさせない演出に腐心してきた。しかし、官房長官時代の菅はこうした政策とは一線を画し、独自の道を突き進んでいた。

菅に近い官僚は、こう分析する。

「菅さんは、『タンジブル（実体がある、実際に触れることができる）』な政策にしか興味がない。目に見えて、数字で結果が分かるものにしか関心がないのが特徴だ」

その一番分かりやすい例が、外国人観光客の誘致だ。菅にとって、インバウンド政策こそが、地方創生の切り札だと考えていた。

２０１７年1月12日のことだった。官房長官秘書官が興奮した様子で、菅の執務室に報告に入る。

「長官、去年1年間の訪日外国人観光客数が、ついに２４００万人を超えました」

政権交代前の２０１２年には８３０万人だった訪日外国人が、わずか4年で約3倍に増えたという統計が、年が明けて確定したのだ。しかし、菅は表情一つ変えずに、こう返した。

「今月の数字はどうなっている？」

インバウンド政策こそ、菅が官房長官時代に最も力を入れ、成果を出したものだった。スタートは、「なぜ、日本を訪れる外国人観光客は韓国よりも少ないのか」という素朴な疑問だった。そこで、各所に事情を聴くと、浮き彫りになったのが訪日ビザという規制の存在だった。治安悪化を懸念する警察庁や法務省の大反対を受けたが、赤坂の議員宿舎に国家公安委員長や法相、外相を集め、わずか10分で、ビザ取得要件緩和の判断を下したというエピソードの披露は、菅の演説でのお約束になった。

菅の観光政策に大きな影響を与えたのが、2015年に出版した著書『新・観光立国論』で日本のそれまでの観光政策の誤りを指摘してきたデービッド・アトキンソンだ。イギリス出身の金融アナリストで、日本の文化財の修復を手がける小西美術工藝社の社長を務めるアトキンソンは、観光立国としての日本のポテンシャルの高さを指摘し、その活用のために必要な具体策を提言した。菅は、アトキンソンを政府の「明日の日本を支える観光ビジョン構想会議」の有識者に登用し、文化財の「保存」から「活用」への転換など、それまでの日本の観光政策を覆す具体策を繰り出していく。

その一つが、赤坂迎賓館の開放だった。菅は、まだ総務大臣だったころ、初めて足を踏み入れた日本唯一のネオ・バロック様式の西洋宮殿建築に、「迎賓館という施設は何て素晴らしいのだ。自分の両親にもいつか見せてあげたい」という思いを抱いたという。そして、官房長官に就任するとすぐに、この迎賓館を国民のため、観光客のため開放することを決断する。それまでは、迎賓館は年間で約10日間、しかも抽選制で一般に開放されるだけだった。しかし、外国要人の接遇で使用されるのは、年間わずか数回。「こんなの、国民から見ておかしいでしょ」、菅の動きは早かった。迎賓館の職員は、「接遇への影響」や「施設の保全」など開放に反対する理由をいくつも挙げてきたが、抵抗する幹部を交代させ、アトキンソンを迎賓館のアドバイザーとして送り込んだ。人事で、その強い意志を示すのが菅のやり方だ。

２０１５年11月、菅は赤坂迎賓館を年間約１５０日、一般公開することを発表する。これが観光客の人気を博し、今では、一般公開は２５０日間にも及び、その前庭ではアルコールなど飲食も提供されるようになり、観光拠点へと様変わりしようとしている。菅が開いた重い扉は赤坂迎賓館だけではない。京都迎賓館や京都御所、桂離宮など、一般の国民に閉ざされていた公的施設を一般に開放することを決めたのだ。

その他にも、菅は、「なぜ、日本では免税品売り場は、空港など限られた場所にしかないのか」という疑問から、免税制度の改革に取り組む。免税品売り場に関する規制を緩和し、さらに免税品の対象も拡大したことで、海外の観光地と同じように、街中に免税品売り場があふれるようになった。

さらに、２０１６年春、菅が目をつけたのが、観光資源が豊富な北海道の玄関口、新千歳空港だった。ここには航空自衛隊千歳飛行場が隣接していたために、発着枠に大きな制限があった。そこに切り込んだ。

「新千歳空港は『自衛隊が週2回は24時間訓練している』という理由で、その時間帯は民間航空機の発着ができなかった。でも、内々に調べたら24時間も訓練なんてしていなかったんだよ。あと、自衛隊は『中国やロシアの民間機が来ると、自衛隊の基地が見られてしまう』と言うんだけど、今は、衛星もあるのだから、そんなことしなくたって見られるだろ」

規制の固い扉をこじ開けようとする菅に、防衛官僚が反発する。

「そんなことをしたら、自民党の防衛族の先生方からも異論が出ます」

これに菅は激怒する。

「お前らは余計な心配をしなくていい。防衛族への説明は私がやる。自衛隊が持っている基地だと思っているのだろうけど、これは国民のものなんだから、勘違いするな。ただ、訓練を本当に週2回24時間やっていて、国防上不可欠だというのであれば、私は無理を言わない。だったら、今までの訓練の実績を全部持ってこい」

結局、防衛省は、実績に関する資料を持ってこなかった。そして、1時間あたりの発着枠を32回から42回へ拡大することを容認し、さらに中国とロシアの民間機に対する発着制限を大幅に緩和することを認めた。これにより、北海道への外国人観光客が一気に増えることとなったのだ。

菅は、こうした省庁横断のインバウンド政策を次々に打ち出していく。外国人観光客急増の恩恵は地方経済にも及び、「もう二度と上昇しない」とさえ言われていた地方の地価を27年ぶりに上昇させた。外国人観光客による消費額は約1兆円から約5兆円にまで伸び、観光は日本の新たな成長産業へと育った。コロナ禍によって、こうしたインバウンド効果は一時的に蒸発してしまったが、日本が観光立国を目指すための道筋は明確になったといえる。

アトキンソンは菅の手腕に感嘆する。

「菅官房長官は、会議で私たち有識者がプレゼンテーションをしている最中に、資料に何か文字を書き込んでいるのです。何を書いているのだろうと目を凝らして見てみると、『どこの部分を、どこの省庁に担当させるか』を書いていました。すると、1時間の会議を終えて、官邸を出た途端に、私の携帯電話が鳴り出したのです。『環境省ですが、今どちらですか?』、『観光庁ですが、今から役所に来ていただけませんか?』などと、いくつもの省庁から一斉に電話が来たのです。これまでも、観光に力を入れてきた政治家は自民党にもいました。でも、菅官房長官の実行力、スピード感は、その誰とも比較にならないほどすごい。この人の前で下手なことを言ったら、すぐに動いてしまうので、本当に緊張しますよ」

菅は、秋田・湯沢高校の大先輩で、ニューヨーク大学の名誉教授を務める佐藤隆三《りゅうぞう》から、かつてかけられた言葉が忘れられないという。

「私は教授として、いろんなことを政府に助言することはできるけど、菅さんのことがすごくうらやましい。政治家というのは真っ白なキャンバスに絵を描くことができるのですからね」

派閥を渡り歩き、幾度となく総裁選で大勝負を打ってきたこともあり、菅には「政局の政治家」というイメージがあるが、実は「政策の人」でもあるというのが私の印象だ。菅が持つ、法務省や警察庁の人脈は、菅が若手議員時代にともに議員立法を手がけたことがきっかけで広がっていった。警察庁のキャリア官僚は、当時を述懐する。

「菅さんは、銀行口座の売買を罰則付きで規制する法案を作ってくれました。嫌がる金融庁を押さえつけ、その後、携帯電話の本人確認や転売の禁止も、反対する総務省と族議員を菅さんがなぎ倒してやってくれた。積極的に議員立法をやってくれる、気軽に話ができる良い先生という印象でした。一時は『治安の菅』と呼ばれていたくらいでした。こうした分野は、決して票につながらないから、ほとんどの政治家は手を付けたがらなかったのに、菅さんはやってくれましたね」

なぜ、選挙に直接、有利になるわけではない議員立法に取り組んだのか。菅は恥ずかしそうに静かな声で言った。

「せっかく政治家になったのだから、政治家にしかできないことをやりたいのは当然だろ。国民のためになるのだったら、何でも良いんだよ」

古民家再生、ジビエの普及、利水ダムの防災活用、携帯料金の引き下げ等々、菅が、官房長官として取り組んできた政策は、「なんで、こんなものを官房長官が」と思われるものばかりだ。しかし、目に見える形で国民の暮らしが少しでも良くなることをしたい、という政治家・菅の意外なほどの純粋な思いが、彼を駆り立ててきたのだ。

官僚人事の掌握

菅がこうした政策を強力なトップダウンで推進できたのは、霞が関全体を掌握し、官僚を思い通りに動かせたからだ。霞が関の人事をテコに、官僚を完全にグリップした官房長官は菅が初めてだろう。

菅に近い官邸関係者は、省庁人事への介入について、こう解説する。

「菅さんが霞が関の人事に手を突っ込んでいるのは、その通りだと思うけど、大事なのは、なぜ、そこまで霞が関の人事に手を出そうと思っているか、ということだ。人事は〝手段〟であり、目的ではない。菅さんは〝改革屋〟なんだ。政策は単純明快で、『おかしいものは、おかしい』ということだけ。国民から見ておかしな慣習や既得権益に切り込もうとすると、抵抗する勢力が必ずいる。だから、人事に手を出す。そういう順番だよね」

安倍政権は、２０１４年5月、内閣人事局という新たな組織を設置する。内閣人事局は、これまで官僚主導で行われてきた霞が関の各省庁の幹部職員約６００人の人事を一元化して管理するものだった。それまで、各省の事務次官を頂点とする巨大な官僚組織の人事は、官僚自らの手によって行われ、政治はそれを追認するだけだった。安倍官邸は、「省益あって国益なし」と揶揄されてきた縦割り行政を徹底的に打破するため、人事に手を突っ込んだのだ。

外務省幹部ＯＢは、この内閣人事局について酷評する。

「今までの日本の行政の歴史の中で、初めて官房長官が何千人に近い官僚の人事を事実上、仕切っている。これは日本の歴史上、初めてのことだ。メリトクラシー（能力が高い者による統治）で成り立っていた日本の官僚機構に最大のクライシスが訪れている。その元凶が、菅だ。官僚たちは自分のボスは本来だったら国、とりあえずは自分の大臣だと思って、役所に入ってきたのに、役所のことをほとんど知らない官房長官が何で人事を決めるんだ。局長人事を決めるのならまだしも、実質的に課長級にまで口を出している」

内閣人事局の創設は、官僚に対し、計り知れないインパクトを与えることになった。

ある総務省幹部は、官僚たちの本音を代弁した。

「人事権を握られたことで、役所全体に緊張が生まれ、常に菅官房長官の顔色を気にしなければならなくなった。特に、エスカレーターのように出世コースに乗ってきた官僚にとっては、こんな恐ろしい話はない。霞が関のすべての権力を菅長官に握られたようなものだ」

菅自身は、私が2015年11月に行った単独インタビューで、政治主導や人事についての考え方を詳細に語っている。

「官僚からいろんな材料を提供してもらった上で、その中から選択して方向性を決めるのが政治の役割だと思います。官僚って非常に説明がうまいんですよ。梶山（静六）さんには『お前なんかすぐだまされる』って言われましたけどね。そういう官僚の説明の中で、何が欠けているのか、何をごまかそうとしているのか、瞬時に見定める力が、政治家として必要だと思いますね」

菅の人事の特徴は、「前例踏襲主義の排除」と「現場からの抜擢」にある。

「官僚の人事には、必ずパターンがあって、何々課長をやって、どこどこの局長をやれば事務次官、というのがあるじゃないですか。そういうのは、私はまったく白紙にして見ています。例えば、海上保安庁長官を制服組出身にしたんです。これは初めてでした。今までは、いわゆる国土交通省のキャリア官僚の中で、事務次官に次ぐナンバー2が海上保安庁長官になっていた。しかし、職員の数は制服組と言われる人たちが遥かに多いわけですよね。そういう人たちのやる気を引き出すためには、どうしたらいいか、ということをずっと考えていて、初めて制服出身の人に長官になってもらったんです」

こうした人事を菅が始めたのは、総務大臣時代からだった。当選4回で総務大臣に抜擢された菅は、ここでも前例を顧みない人事を手がける。まず行ったのが、いわゆるノンキャリア官僚の抜擢だ。国家公務員は、Ⅰ種試験を合格したキャリア官僚と、Ⅱ種やⅢ種試験を経て入省するノンキャリアに分かれる。キャリアとして採用されれば、大きな不祥事でも起こさない限りは、幹部への登用が約束されている。一方で、ノンキャリアの場合は、どんなに優れた実績を出そうが、キャリア組と同じように出世することは不可能だ。

菅は、自民党で国会対策を担当していたときに、総務省のあるノンキャリア官僚と仕事をする機会があった。そのときのこの官僚の仕事ぶりが素晴らしく、まわりからの人望も厚いことが印象に残っていた。「こういう人を抜擢すれば、組織は活性化するのに」と当時から思っていたという。そこで、総務大臣に就任するやいなや、人事担当者を呼び出し、このノンキャリア官僚を初めて地方の局長に登用することを指示したのだ。

さらに、総務省にはキャリアでも事務職と技術職に分かれ、技術職は事務次官級にはなれないという不文律があった。菅は、ここでも前例を打ち破る人事を行う。菅が推し進めた、地上デジタル放送の日本方式を南米など世界各国に売り込むという政策で活躍した技術職の職員を、事務次官級のポストに抜擢したのだ。

こうした菅の前例にとらわれない人事は、官房長官になってさらに拍車がかかる。海上保安庁長官は、国交省のキャリア官僚の指定席であったが、そこに初めて海上保安庁生え抜きの制服組、佐藤雄二《ゆうじ》を充てた。また、国交省には、「技監」という一般には耳慣れないポストがある。これは国交省の技術的な事項を統括するポストで、事務次官級の役職だ。国交省のこれまでの慣例では、この技監になれるのは、河川局長もしくは道路局長の経験者だけだった。しかし、菅はそこに港湾局長だった官僚を充てたのだ。沖縄にある米軍北部訓練場のヘリパッド移設工事に尽力したことを評価した人事だった。同様に、水産庁長官や林野庁長官も、初めて技官から登用した。菅は、内閣人事局という新たな組織を武器に、国民には知る由もなかった霞が関にはびこる慣例を、次々に打破する人事を繰り出したのだ。

菅は、こうした人事の際の基準について、単純明快に述べている。

「出世コースに乗っている人だけではなく、しっかり頑張ってくれている人を見極めて引き上げたいと思っています。人事は霞が関に対する政権のメッセージだと思っています。官僚のやる気を引き出すための手段なのです。政権は何をやりたいかというのを明快に打ち出していますし、国民に公約として約束をしています。その政策に協力してくれる人を使うということです。官僚からも、いろいろな意見は聞きますけど、最後は決めた方向で努力してほしいと思いますよね」

たたき上げの菅だからこそ、あらゆる人にチャンスを与えるべきだという思いが底流にあった。

一方で、抜擢には、必ず更迭人事が伴う。菅の人事は、一言でいえば徹底した信賞必罰だ。政権の方針に従わない官僚は容赦なく要職から外して、見せしめにする。政治家1人の判断で、こうした人事権を如意自在《にょいじざい》にふるうことには、当然、強い批判も大きなマイナス面もある。特に森友・加計学園問題では、官邸を過度に忖度《そんたく》しようとする官僚の実態が浮き彫りになり、菅が推し進めてきた官僚人事や長期政権の弊害が白日の下に晒されることとなった。

GoToトラベルの迷走

2020年11月、学術会議問題を何とか乗り切った菅を待ち受けていたのは、新型コロナの感染再拡大という荒波だった。

9月16日、総理大臣に就任して初めての記者会見に臨んだ菅は、冒頭でこう語った。

「今、取り組むべき最優先の課題は新型コロナウイルス対策です。欧米諸国のような爆発的な感染拡大は絶対阻止をし、国民の皆さんの命と健康を守り抜きます。その上で社会経済活動との両立を目指します。さもなければ、国民生活が成り立たなくなるからであります」

コロナ対策と社会経済活動を両立させるというのが、菅が一貫してこだわったことだった。コロナで失われる命もあれば、経済苦によって失われる命もあると考えていたからだ。菅は日頃から、飲食店の経営者らとも面会を重ねてきて、その苦しい生の声に耳を傾けていた。

だからこそ、菅にとって、「ＧｏＴｏキャンペーン」は、新型コロナで打撃を受けた観光産業や飲食業を蘇らせる切り札だった。「ＧｏＴｏキャンペーン」とは、国内旅行の費用を補助する「トラベル」、プレミアム付食事券の発行やオンライン飲食予約サイトを通じたポイント付与を行う「イート」、イベントなどのチケット代を補助する「イベント」の三つからなる、コロナで落ち込んだ需要を喚起するための政府の目玉政策だった。２０２０年度の補正予算で、１兆６７９４億円もの事業費が用意されたこのキャンペーンを、実際に多くの国民が利用して旅行や食事を楽しみ、観光業界や飲食業界はようやく息を吹き返し始めていた。

しかし、11月に入り、一時は小康状態となっていた新型コロナの感染者数が、全国的に再拡大し始めると、雰囲気は一変する。11月9日に北海道で２００人の感染者が確認されると、政府分科会の尾身《おみ》茂会長は「このままいくと急激な感染拡大に至る可能性が十分ある」として、政府に対策強化を求める緊急提言をまとめた。また、北海道医師会会長は「第3波に入っている。状況に応じてＧｏＴｏキャンペーンの見直しを強く考えてほしい」と訴えた。

このとき、菅は周囲に対して、こう漏らしていた。

「感染者数は増えているが、重症化率は下がっている。北海道で増えているのはススキノで集中的な検査をやっていることもある。ＧｏＴｏは約４千万人が利用して、感染者は１３８人だからね。これをやめると、経済が大変なことになる」

国土交通省は、ＧｏＴｏトラベルの利用者の中で、コロナに感染した人の数を発表していたが、確かにその数字だけを見れば感染者の割合はわずかだった。菅は、怒りを押し殺した。

「ＧｏＴｏだけに感染拡大の責任を押しつけることで、ＧｏＴｏを推し進める俺のせいにしたいのだろう」

新規感染者数が過去最多を更新した翌朝の11月13日に、官邸でぶら下がり取材に応じた菅は、「ＧｏＴｏキャンペーンの見直しについては、専門家も現時点においてそのような状況にはないという認識を示している」と説明した。確かに、それまで専門家は、菅に対しても「新幹線や飛行機の移動では感染は広がらない」と説明していて、菅の発言は、それを踏まえたものだった。

しかし、この１週間後、分科会が反旗を翻す。「一部の都道府県がステージ３に入りつつある」として、ＧｏＴｏトラベルの運用見直しを提言したのだ。そこに畳みかけたのが、野党だった。立憲民主党代表の枝野幸男は、記者団に対して「今回の感染拡大は完全に人災だ」と指摘し、国会でも野党は「感染を阻止することと、人の移動を促進するキャンペーンは矛盾する」と徹底追及した。これに対し、菅は「感染対策と経済の回復を両立させるのが基本的な考え方だ」と見直しに慎重な考えを示した。

こうなると、メディア、専門家、日本医師会は一斉にＧｏＴｏ批判を強める。そして、11月21日、政府はついに感染拡大地域を目的地とする旅行予約の一時停止を発表する。しかし、それでは終わらなかった。分科会は「目的地だけでなく、感染拡大地域から出発する旅行も停止すべき」と再び突きつけた。菅は、あくまで強気だった。

「あれだけ観光客が押し寄せている金沢がある石川県は、感染者5人だからね。京都だって33人。もしＧｏＴｏトラベルが感染拡大の原因だったら、こんなことにはなっていないでしょう」

菅は、国会でも「トラベルが主要な原因だというエビデンスはない」と強弁を続けた。

この頃、菅は政府分科会を担当する西村康稔新型コロナウイルス対策担当大臣に対し、「分科会の指示を受けて、国会でも対応をしているのに、その間にまた別のことを言われたら分科会に振り回されてしまう」と苛立ちを露わにしたという。

その分科会では何が起きていたのか。コロナ対策を担当している内閣官房職員が証言する。

「このとき、尾身会長をはじめとする専門家たちは、危機感の強さから、かなり感情的になっていた。『ステージ3になったらＧｏＴｏを止める』という基準を専門家が作ったはずなのに、『国民は今すぐＧｏＴｏを止めることを求めているんだ』と言い始めて、提言してしまった。科学的な議論というよりは、感情論という雰囲気だった」

ここに大きな食い違いの原因が潜んでいた。徹底した合理主義者である菅からすれば、ＧｏＴｏが感染拡大の要因となっているという科学的根拠があれば、止める判断はいつでもできた。しかし、肝心の専門家は漠然と「リスクがある」と危機を煽《あお》る一方で、具体的にＧｏＴｏのどの部分で感染拡大が生じているかを、示すことはなかった。「人の移動は感染の原因にはならないと言ったのは、あなたたちでしょう」というのが、菅の本音だった。ネット上では、「観光利権のために菅はＧｏＴｏに固執している」と喧伝《けんでん》されたが、そうではなかった。ＧｏＴｏを止める合理的なエビデンスがない以上、継続することが「筋」だと真剣に考えていたのだ。

しかし、そんな菅を置き去りに、専門家の必死のアラートは、野党・マスコミを巻き込んで、世論をも大きく動かしていく。ＮＮＮと読売新聞による12月の世論調査で、ＧｏＴｏトラベルについて「継続する方がよい」という回答が21％だったのに対し、「いったん中止する方がよい」が57％、「やめる方がよい」が20％となった。内閣支持率も前月から8ポイント下落という、政権にとっては衝撃の結果となった。

結局、世論に押される形で、菅は12月14日、ＧｏＴｏトラベルの全国一斉停止に追い込まれた。この夜のぶら下がりで、記者から「ＧｏＴｏに感染拡大のエビデンスがないという認識は変わったんでしょうか」と問われると、悔しさを滲ませた。

「移動によって感染は拡大しないという提言もあります。そこについては変わりません」

立憲民主党の枝野は、「本当に後手後手。後手後手の何乗かと言っていいくらいの後手にまわったと言わざるを得ない」と非難した。このＧｏＴｏをめぐる混乱をきっかけに、菅内閣のコロナ対策に対して「後手後手」、「楽観論に基づく対応だ」との批判が繰り返されることになる。

ステーキ会食の痛恨

ＧｏＴｏトラベルの一斉停止を決めた14日夜、菅は致命的なミスを犯す。都内のホテルでベンチャー企業の経営者らとの懇談を終えた菅は、午後8時50分過ぎ、銀座の高級ステーキ店を訪れる。そこで待ち受けていたのは、二階幹事長や林幹雄幹事長代理らだった。新型コロナの感染リスクが高まるとして、政府から国民に対し「5人以上の会食はしないよう」にと注意が呼びかけられている中、8人でカウンターに並んで食事をしたのだ。同席したのが、福岡ソフトバンクホークスの王貞治球団会長や、俳優の杉良太郎、タレントのみのもんたらだったことから、不要不急の会食だったことは明らかだった。

コロナ禍で我慢を強いられてきた国民の不安や不満は、激しい怒りとして一斉に菅へと向かった。「国民には自粛を求めているのに、政治家は高級ステーキ会食か」との怒りの声が国民から沸き起こる。公明党の山口那津男代表も記者会見で「国民に対する一定のメッセージ性もあるので、よく配慮しながら今後、検討していただきたい」と苦言を呈した。

16日夜、菅は宮邸を去る際に、報道陣のカメラに向かい、頭を下げた。

「他の方との距離は十分にありましたが、国民の誤解を招くという意味においては、真《し》摯《ん》に反省をいたしております」

菅側近は「痛恨のミスでした」と頭を抱えた。総理周辺によると、このステーキ会食の直前に「行かない方がよいのでは」と側近から懸念が示されたものの、「お前は政治が分かっていない」と一蹴されたという。政権の後ろ盾となっている二階の誘いを無下に断ることはできなかったのだろう。

この判断ミスは、〝たたき上げの苦労人〟という総理就任当時の菅のイメージを毀《き》損《そん》することとなった。そして、さらに菅にとって痛手となったのは、この後、自身が会食の自粛を余儀なくされたことだった。官房長官時代から、菅は毎日、朝・昼・晩に人と会い、会食を繰り返してきた。夜は必ず二つの会合をはしごするのが決まりだった。会食の相手は、政界だけでなく、官僚、マスコミ、財界、起業家、文化人、専門家など多岐に渡っていた。菅にとっては日々の会合こそが情報収集の場であり、活力源でもあった。酒を一切飲まない菅は、こうした会合で聞き役に徹し、幅広い声に耳を傾けることで、いかなる政治判断を下すべきか、次にどのような政策を手がけるべきか、頭の整理を行うことができた。菅が最も大切にするのは「国民にとっての当たり前は何か」という感覚だった。国民にとっての当たり前を大切にしていれば、大きく間違えることはない。政治的な判断を自信を持って下すための〝生の声〟を日々、集めるのが、菅のやり方だった。だから、菅が会う人は、肩書きも年齢も問わなかった。「面白い人がいるんですよ」と知人に言われれば、すぐにその場でスケジュール帳を出して、会合を設定していくのが毎日のことだった。その力の源泉が封じられたことで、菅は最も大切にしてきた「国民の当たり前」から、少しずつズレていくという事態を招いたのかもしれない。この年の春に、アベノマスクやSNS動画という失敗を繰り返した官邸官僚を「国民感覚からかけ離れている」と断罪した菅自身に、今度は同じ批判がふりかかることになるのだ。

また、ステーキ会食は、菅をこれまで支えてきた二階のイメージを悪化させることにもなった。二階は、テレビ番組に出演し、ステーキ会食について「別に8人で会っただけで、会食っていうそんなことを特にやったわけではありませんからね。飯を食うために集まったんじゃないんですよ。ただ、そこで、その時間に出会ったということですよ」と説明し、世論の反感を買った。この頃から、ネット上では「菅は二階の傀儡《かいらい》だ」などと2人をセットにして、批判する声が急激に増え始めていた。

菅の落胆

そして、12月中旬以降も、コロナの猛威は勢いを増していく。12月23日には、全国の感染者数は3271人と過去最高を更新する。この夜、菅から電話が入る。いつも以上にか細い声で、いきなりこう尋ねてきた。

「それぞれのやり方で良いよね？」

何のことか分からず、聞き返してしまう。

「え？」

「発信も、それぞれの個性でやれば良いよね？　俺は仕事をちゃんとやっているわけだし、俺は俺の地《じ》で行った方が良いよね？」

この頃から、菅の発信力についての批判が強まっていた。〝立て板に水〟のように弁舌さわやかに語ることができないことへの批判に悩んでいたのだろう。

「それはそうだと思いますが、もう少し、国民へ呼びかけるような形にした方が良いという意見もありますよね？」

「いや、今はみんな聞く耳を持たないからね。『賛成・反対が49か50か』の間の判断だから、どっちに行っても半分からは批判されてしまう」

この頃、ある官僚は、菅が「総理と官房長官とは全然違うな」とため息まじりに呟いていたのを耳にしたという。

この数日後、年末の挨拶を兼ねて、菅とのアポを取った。菅は、私がこれまで見たことがないくらい落ち込み、ふさいでいた。総理への批判が強まり、支持率が低下していることが堪《こた》えたのだろう、私の顔を見るなり、力なく語った。

「コロナというのは、全部、政権に向かってくるんだよね」

菅は疲弊し切っていた。菅の周辺は、その原因をこう見ていた。

「総理にアドバイスをする人はたくさんいるんだけど、間にクッションになる人がいない。安倍政権では、安倍総理の前に今井さんや菅さんがいた。最終的には安倍さんが了承をするんだけど、その前に判断している人が2人いて、そこが根回し役や嫌われ役を担っていた。

菅さんは、あえて『自分にはそういう人は要らない』と思って、こういう体制にしているのだと思う。その脆さがいま、出ている。安倍さんの1次政権と2次政権の違いも、そこにあった。1次政権のときも、決断の責任として総理が〝むき出し〟で生身になってしまう状況があった。今の菅政権でも、同じことが起きている」

権力の重圧を一身に受ける苦しみ。政権発足から３カ月、早くも大きな正念場を迎えていた。

第5章　コロナとの苦闘

2021年前半、度重なる感染拡大で緊急事態宣言の発出、延長を繰り返した「後手後手」の対応は大きな批判に晒《さら》された。「人流」の抑制を重視する分科会の専門家たちと菅の認識のズレが露見する中、菅はワクチン接種に望みをつなげる――。

緊急事態宣言の再発出

2021年元日、菅の姿は、総理公邸にあった。加藤勝信官房長官や田村憲久《のりひさ》厚労相、西村康稔新型コロナウイルス対策担当相らが集まり、新型コロナへの対応を協議するためだった。感染者数は年末から急拡大し、12月31日には東京都内で初めて1千人を超える1337人の感染者を確認。正月休み返上で対応に当たっていた。

元日の夜、電話をかけてきた菅は、嫌悪感を露わにしていた。

「小池が、またいろいろ動こうとしているみたいだな」

菅にとって、東京都知事の小池百合子は2016年の都知事選以来、天敵のような存在だった。このとき、元総務大臣だった増田寛也《ひろや》を担ぎ出し、先頭に立って選挙戦を指揮したのが菅だった。「パフォーマンスだけで、信念のない政治家」と小池を蛇蝎《だかつ》のごとく嫌い、あらゆる機会で衝突してきた。

2020年7月には、当時官房長官だった菅は、新型コロナの感染拡大について、「この問題は圧倒的に『東京問題』と言っても過言ではないほど、東京中心の問題になっている」と発言した。東京都が、6月末に軽症者の療養用に確保していたホテルの2865室を解約してしまい、一時、200室ほどにまで減らしてしまったことに菅は激怒していた。これに対し、小池は、ぶら下がり会見で、菅の肝煎りのGoToトラベルをやり玉に挙げ、「冷房と暖房の両方をかけることについて、どう対応していくのか」と当てこすった。菅が総理になってからも、2人の不仲は、国と東京都のコロナ対策での不協和音を生む原因となっていた。

「小池さんは緊急事態宣言を求めてきそうですか?」

「どうも、そうみたいだ。でも、緊急事態宣言というのは、なかなか無理な話だよ。やったら、経済はボロボロになってしまう」

読み通り、1月2日になると、小池は動き出す。埼玉・千葉・神奈川の3知事とともに、西村担当相と会談し、1都3県への緊急事態宣言の発出を要請したのだ。小池は、「感染拡大を防がないと、より医療が逼迫《ひっぱく》し、コロナ以外の患者にも多くの影響が出る」

と迫った。これに対し、西村は「緊急事態宣言が視野に入る厳しい状況だとの認識を共有した。要請を受け止めて検討していく」と述べた。

しかし、菅はあくまでも宣言の発出には慎重だった。

「政府としては、まず飲食店の営業を午後8時までにしてくれと条件を出しているのに、小池は、結局、何度依頼しても営業時間の制限を10時から早めようとしなかった。北海道の鈴木（直道知事）も大阪の吉村（洋文《ひろふみ》知事）も、自分の権限でできることをやってから、国に要請してきているだろ」

菅は、コロナの主な感染源は、飲食店での大人数の会合だとみていた。飲食店の営業時間短縮要請の権限は都道府県知事にあるのに、それを「現実は厳しい」として放置してきた小池への苛立ちがあった。営業時間短縮の決定は、飲食店からの猛反発を招くことが予想され、「小池は政府に責任を転嫁しているだけだ」と不満を持っていた。

しかし、この2日後、菅は新年の記者会見で、緊急事態宣言の検討に入ることを明言せざるを得なかった。感染者数が減少しない中で、これ以上、新たな策を打たずに放置することは許されなかった。結局、判断が後手に回った菅が、小池に押し切られた形になったのだ。

翌日、菅とある場所で会ったが、まず口から出たのは、小池への恨み言だった。

「もっと早くに、東京都が飲食店の営業時間を午後8時までにしていたら、こんなことにはなっていなかったと思うよ。結局、コロナは飲食店での感染が主なんだよ。だから、今回の緊急事態宣言は、前回と違って、飲食店に絞ってやっていくから」

「1カ月で収束しますかね？」

「大阪と北海道を見ていれば、そうなるでしょう。間違いなく下がってくると思うよ」

そして、話題は、1年延期となり、この夏に開催予定となっていた東京五輪に及んだ。

「感染状況がステージ2にならなければ、オリンピックもやりにくいですね」

「でも、ワクチンを進めれば、全然状況は変わってくるよ。ワクチンだって、厚労省に任せていたら大変なことになっていた。今は和泉（洋人総理補佐官）のところでやらせているけど、厚労省は担当課長がファイザーの日本法人と交渉していたんだよ。支社なんて、何の権限もないだろ。俺は外務省を入れろと言って、杉山（晋輔《しんすけ》駐米）大使を使って、アメリカの本社に行かせた。そもそも厚労省は『ワクチンを早く確保しよう』という気もなかったんだよな」

この頃から、菅のワクチンへの傾倒が始まる。ワクチンさえ確保し、接種を進めれば、コロナは抑えられる。目標さえ定まれば、そこに向けて役所や自治体を動かし、突き進むだけであり、ここは菅の得意分野だ。その手始めとして、この2週間後に、河野太郎行革担当相にワクチン担当を兼務させる方針を明らかにする。

菅も、年末に比べると、だいぶ元気を取り戻していた。

「大変な1年になりそうですね」

「コロナは誰がやっても大変なんだよ。とにかく地道に一つ一つ成果を出す。そうやって、世論を落ち着かせるしかないよ。世界中の首脳が同じように苦しんでいるんだからね」

自分に言い聞かせるように話すと、微笑を浮かべた。

総務省接待問題の衝撃

1月中旬、菅は体調を崩していた。激しい喉の痛みに苦しみ、咳き込むことが増えていた。官邸の総理執務室には、毎日のように医者が訪れ、検査を行ったが、原因は分からなかった。のど飴を持ち歩いて、常に口にしていたが、改善することはなかった。1月18日に召集された通常国会では、満身創痍《そうい》で施政方針演説に臨んだが、心配する官邸関係者は、万が一、演説中に総理が倒れたときのために、どこの病院に搬送するかまでシミュレーションをしていたという。

さらに菅の気持ちを重くさせたのが、内閣支持率の低迷だった。1月17日にNNNと読売新聞が発表した世論調査では、菅内閣を「支持する」と答えた人は39%、「支持しない」が49%となり、初めて支持と不支持が逆転する。わずか4カ月で、支持率はほぼ半減してしまったのだ。表向きは「世論調査の結果には一喜一憂しない」と公言していたが、菅ほど世論調査を重視する政治家はいなかった。菅は周囲に対して「小渕さんは10％台だったからね」と冗談めかしてみせたが、ストレスは溜まる一方だった。

こうした中で、菅にとって予想もしていなかった事態が起きる。2月4日発売の「週刊文春」が報じた「菅首相長男　高級官僚を違法接待」というスクープが、再び永田町を揺るがす。衛星放送などを運営する東北新社に勤める菅の長男らが、総務省幹部への接待を高級料亭などで繰り返していたという。「週刊文春」は、長男が総務省幹部に手土産やタクシー券を渡す瞬間までカメラで捉えていた。国家公務員倫理法の倫理規程で、国家公務員は、利害関係者から金銭や物品を受け取ったり、接待を受けたりすることなどが禁止されている。

2月4日の衆議院予算委員会では、立憲民主党国対委員長代理の黒岩宇洋《たかひろ》が、菅を追及した。

「総務省に対して総理の御長男が接待をした、こういう疑惑が出ております。（中略）総理の御子息は、高級官僚の方と何をされていましたか」

菅は自身の長男には触れず、一般論でかわそうとする。

「関わった者が誰であっても、国民の皆さんからの疑念を抱かせることのないように、これは総務省によってしっかり事実関係を確認した上で、ルールにのっとって対応してほしいというふうに思います」

　黒岩は、菅の長男だという理由で、総務省幹部が頻繁に接待に応じていたのではないかと質した。

「総理、やはり国民にとって非常に不可思議なのは、総務省のナンバーツーといったら、なかなか会うことはできないですよ、一般の国民は。我々国会議員だって、本当に相手が忙しければ、局長クラスでも30分とかで退席ですよ。それが、年末に1週間で3回、10月には、ナンバーツーの総務省審議官が、2時間45分も会食している。これ、何でこの人たちはこんなに総理の御子息とここまで会食をしたのか。思い当たる理由、目的をお答えください」

　答弁席に立った菅が色をなして反論する。

「私、完全に別人格ですからね、もう。そこは是非御理解をいただきたいと思います。私の長男にもやはり家族もいますし、プライバシーもちろんこれはあると思いますよ。それと、長男も、やはり会社の一社員ですから、そういう中で、今言われているような不適切なことがあったかどうかについては、これから総務省の、政治倫理ですか、審査会でそこはしっかり対応してもらいたいというふうに思います」

　その後も、連日、野党はこの問題を国会で追及し続ける。衛星放送の認定を総務省が更新する直前の、前年12月に総務省幹部が会食を繰り返していたことも分かり、総務省側が何らかの特別な便宜を図ったのかが焦点となっていく。総務省幹部らは「許認可に関わるような会話はなかった」との答弁を重ねたが、野党側は、「週刊文春」が公開した接待中の音声などを基に「虚偽答弁だ」と指摘した。

2月19日、武田良太総務相は、接待を受けていた総務省幹部2人を事実上更迭する。そして22日、総務省は国会に対して、職員12人が菅の長男ら衛星放送関連会社、東北新社社員らとのべ38回にわたって国家公務員倫理規程に違反する疑いがある会食をしたと報告した。また、内閣広報官の山田真貴子が、総務審議官時代の2019年11月に、東北新社の社長や菅の長男らから、単価7万4000円あまりの飲食接待を受けていたことも明らかにした。

菅はこの日、国会で「私の長男が関係して、結果として公務員が倫理法に違反する行為をすることになった、このことについては心からおわびを申し上げ、大変申し訳なく思います」と陳謝した。

結局、総務省は谷脇康彦総務審議官ら11人に処分を下した。谷脇は菅が力を入れる携帯料金引き下げを主導していた官僚だったが、総務省を去ることとなった。広報官の山田も自ら辞職を申し出た。

その後、この問題は、NTTによる高額な総務省幹部接待に波及し、関心は菅の長男の問題から移っていく。

菅は周辺に対し、「総務省の幹部には、かわいそうなことをしてしまった。でも、あまりに脇が甘すぎた」と落胆した様子を見せた。この問題が菅に与えたダメージは計り知れないほど大きかった。

緊急事態宣言の延長

1月7日の1都3県への緊急事態宣言発出の際、菅は記者会見で「1カ月で必ず状況を改善させる」と約束した。宣言は、その後、11都府県に拡大されたが、感染者数は確実に減少傾向をたどっていた。

しかし、政府分科会の尾身会長は「感染は減少傾向にあるが、地域ごとを見てみると、実際にはまだ感染の水準が高いということと、医療の逼迫が続いている」と指摘。2月2日に菅は記者会見で、「国民の皆さんには、もうひと踏ん張りしていただいて、何としても感染の減少傾向を確実なものにしなければならない」として、宣言を3月7日まで、さらに1カ月延長することを発表した。また、夏の東京五輪について、無観客開催という案も浮上していたが、「観客については今後内外の感染状況も勘案しつつ、まず優先すべきは、安全・安心の大会にすることを最優先に検討を進めていきたい」と述べた。宣言を発出した1月7日に2447人だった東京の新規感染者数は、556人にまで減少していた。

2月下旬になると、全国の新規感染者数は1千人前後となり、東京でも300人を切る日が増えていた。2月28日には6府県で宣言を解除。東京でも、解除の基準となるステージ4の水準を下回る日が続き、その条件は揃い始めていた。

しかし、尾身会長は国会で「1都3県は、医療もまだ随分、逼迫している状況が一定程度続いているし、改善のスピードが弱い」と慎重意見を繰り返した。

2月27日土曜日、菅は総理公邸で、6日後に予定されていた記者会見のリハーサルを行っていた。

「1月の緊急事態宣言の発出以降、大きな効果が目に見えて表れてきました。諸外国のような厳しい制限を行わずとも、皆さまの踏ん張りと心を一つとしたたまものでありま す。状況を総合的に勘案し、宣言の解除を判断しました」

このとき、菅は、宣言の解除をまったく疑っていなかった。ところが、再び、あの人物の影がちらつき出す。東京都の小池知事は、3月1日に首都圏の3県知事と連絡を取り、2週間程度の延長要請の検討を持ちかける。小池の動きの背景には、世論の動向があった。日経新聞が2月末に行った世論調査で、緊急事態宣言の延長を求める意見が、何と83%にも上った。国民の間で、解除後の感染再拡大への不安が高まっていたのだ。

3月2日、菅と電話で話すと、宣言の延長には慎重なままだった。

「緊急事態宣言の解除は難しくなっているのでしょうか？」

「もうちょっと、様子を見てみたい」

「世論は延長を求めていますが？」

「ただ、商売をやっている人は大変だよ。イベントはほとんどダメになってしまう。いろんな経営者から話を聞いているけど、延長をしたら飲食業界は総崩れになってしまう」

　ところが、翌日になると、方針を急転換する。千葉県で病床使用率がステージ4の基準である50%に近づいたことで、菅は延長を決意する。ただ、その裏には、1月の宣言発出のときのように、延長を求める小池に主導権を握られ、また「後手に回った」という批判を浴びたくないという思惑もあった。小池に要請されるより先に、延長を判断しなければならなかったのだ。

　そして、この判断は結果的に正解だった。宣言延長の決定直後に、NNNと読売新聞が行った世論調査で、政府が1都3県の緊急事態宣言を2週間延長したことについて78%が「評価する」と答えた。そして、菅内閣の支持率は前月の調査から9ポイント上がって48%に急上昇したのだ。宣言を延長したことで、支持率が上がるという皮肉な結果でもあった。

　この結果に、菅も喜びを隠さなかった。

「やっぱり支持率は良くなったね。延長した判断が良かった。あとは、感染者が減ってきて、国民も少し安心していたのだと思う。予算委員会もやっているときは、普通だったら10ポイントくらい支持率は下がるんだよ。こんなに急に上がるとは思わなかった。東北新社の問題も、まったく影響なかったね」

さらに、良いニュースは続く。3月12日、加藤官房長官は記者会見で、「菅総理が4月前半にも訪米し、バイデン大統領と会談する方向で調整している」と明らかにした。バイデン大統領が、就任後、初めての対面での首脳会談の相手に、菅を選んだのだ。

電話越しの菅は、明らかに上機嫌だった。

「世界最初の首脳会談というのはすごいだろう」

「なぜ、実現したのですか？」

「日本と連携してやっていきたいという思いが強いんだよ。向こう側から『最初に日本を迎えたい』というアプローチがあった」

「やはり、アメリカとすれば、中国の存在が念頭にあるのでしょうか？」

「菅さんが念頭にあるからだよ」

菅にしては、珍しく冗談まで飛ばすほど、訪米一番乗りは大きな外交成果だった。

「自民党が怖い」

3月21日、2カ月半に及んだ緊急事態宣言が、ようやく解除される。そして、支持率の急回復で息を吹き返した菅にとって、この日はもう一つ重要な意味を持っていた。総理となって初めての自民党大会を迎えたのだった。

会場は、半年前に総裁選の会場となったのと同じ、グランドプリンスホテル新高輪。党大会のメインイベントとなる新総裁の演説に、菅は勝負を懸けていた。そして、再び秋田出身という生い立ちから総理総裁までの歩みを語り、次の世代にこの国を引き継いでいく覚悟を伝えた16分間の演説は、万雷《ばんらい》の拍手で受け入れられた。そして、菅の携帯電話には、多くの自民党議員から「素晴らしい演説でした」と称賛するメールが届いた。党大会の直後、菅は周辺に、「これで自民党は押さえた」と興奮した様子で語ったという。

なぜ、この党大会の演説が重要だったのか。それは、秋の総裁選で再選を目指す菅にとって、自民党こそが、「怖いものがない」と豪語してきた自らを脅かす、唯一の存在だったからだ。「自民党が怖い」、その菅の本音を聞いたのは、この5年以上前のことだった。

2016年1月11日、東京・千代田区のホテルニューオータニ。床や柱の大理石が荘厳な輝きを放つロビーは、普段とは違うにぎやかさだった。この日は「成人の日」で、ホテルの宴会場が成人式の会場となっていたため、色鮮やかな着物姿の若者が弾けるような笑顔で行き交っていた。

正午、待ち合わせ時間ぴったりに黒のトヨタ・アルファードが、車寄せに滑り込んできた。SPに先導されてロビーに入ってきたのは普段通りのスーツ姿の菅官房長官だった。待っていた私に一瞥《いちべつ》をくれると、そのまま速足で進む。慌ててその後ろ姿を追いかけ入ったのが、ロビー内にある「パティスリーSATSUKI」だ。

しかし、案の定、右を見ても左を見ても、店内は式を終えたばかりの新成人たちであふれていた。

「あいにく今日は混み合っていまして」

突然の大物政治家の来訪に案内係が引き攣った笑顔を浮かべる。ファミレスのようにカジュアルな雰囲気のこの店には個室はなく、仕切りがないテーブルが並ぶ。私たちは、唯一空いていた、奥の4人席のテーブルに通された。

下座である手前の席に座ろうとすると、「いや、こっちでいいから」と菅が遮る。すぐに注文を取りに来た若いウエイトレスに、菅は表情一つ変えず注文する。

「季節のパンケーキを2つ。それとホットチョコレート」

ウエイトレスが去ると、菅はいきなり表情を歪め、絞り出すような声で切り出した。

「俺が一番怖いのは自民党なんだよ」

予期せぬ言葉に私は何を言っていいか分からず、ただ、頷く。

「政治家といったって、自分の意見も持たず、流れができたら従うというのが8割以上だから。そんなノンポリみたいな奴らばっかりなんだよ」

思わず、聞き返す。

「政治家なのに、ノンポリですか？」

菅の表情がさらに苦々しさを増す。

「そう。『官邸が悪い』とか、そんな批判しかできない奴ばかりだ。俺のことを『学会票目当てでしか動いていない』と自民党の連中は批判するが、俺は自民党のためを思ってやったんだ」

菅の拳がテーブルを叩きつける。隣のテーブルの若い女性が怪訝《けげん》な表情でこちらにチラッと目をやった。そこに、半径15センチはあろうかというパンケーキ3枚が載った皿が運ばれる。

パンケーキを前に菅が、嘆きともつかない言葉を吐く。

「ここでしくじったら、俺は自民党が終わるとまで思っていたんだ」

菅は、この数カ月、壮絶な〝戦い〟の渦中にいた。

問題の発端は、前年の夏から水面下で始まった軽減税率の議論だった。軽減税率とは、2017年4月に予定されていた消費税率の10％への引き上げの際に、食料品など生活必需品については8％のまま据え置くという制度だった。これを大衆の党を標榜する公明党が2014年12月の衆議院選挙の際に、「庶民の痛税感を緩和する」公約として訴えていたのだ。

一方、財務省は2015年9月上旬になって、消費者が飲食料品の購入時にいったんは税率10％を支払うものの、同時に2％分相当の「ポイント」をマイナンバーカードに貯めて後からキャッシュバックするという還付制度を考案する。自民党税調幹部はこの財務省案に同調したが、公明党はこれでは〝痛税感〟の緩和につながらないと猛反発した。

連立を組む与党同士が対立する異例の事態となったことを受けて、動いたのは菅だった。10月上旬、還付制度案に固執し、公明党と真っ向から衝突をしていた〝税調のドン〟、野田毅税調会長を更迭することを決めた。「自民党最大の聖域」と呼ばれてきた党税制調査会にまで菅が切り込んだ背景には、公明党、そしてその支持母体である創価学会からの強い働きかけがあった。9月25日、そして10月9日と、公明党の山口那津男代表は安倍総理と会談を行い、こう繰り返した。

「我が党は軽減税率を公約にして選挙を戦った。もし消費税増税と同時に軽減税率を導入できないのであれば、我が党は今度の参院選挙で自民党を応援することはできませんよ」

さらに、菅のもとには創価学会の選挙を一手に仕切る佐藤浩副会長から、度重なる圧力がかけられていた。

「あの人たちは、なぜ、こんな簡単なことが分からないんだ」

菅は周辺にこう、こぼしていた。強固な組織票を持つ創価学会の支援がなければ、自民党の選挙は成り立たない。

一方、突然の更迭劇に、野田は「菅がすべての悪の元凶だ」と怒りを露わにした。そのことを聞かされた菅は「だったら直接、俺に言いに来い」とすごんだ。

10月14日、安倍は新たに税調会長に就いた宮澤洋一に対し、消費税率の10％への引上げと同時に軽減税率を導入する方向で検討するよう指示して、事態は収束するかに見えた。

しかし、事態はさらに混迷の度を深める。11月、今度は軽減税率の対象をめぐって自公が対立を先鋭化させる。自民党は軽減税率導入の当初は、生鮮食品だけをその対象とすべきだと主張した。その根拠は財源にあった。軽減税率によって税収が目減りすることになるが、その当時、確保できた税収は、低所得者世帯の医療などの自己負担総額に上限を設ける「総合合算制度」の導入見送りで確保する約4千億円だけで、その枠に収まるのは生鮮食品を対象にした場合だけであった。これは谷垣禎一幹事長以下、自民党の税制調査会も一致した意見だった。

その一方で、公明党は、生鮮食品だけではなく、パンなどの加工食品も含めた1兆円規模の軽減税率にすべきだと強硬に主張した。

先に動いたのは、財務省の意を汲んで交渉に乗り出していた谷垣だった。11月24日朝、外遊を終えて帰国した安倍に対し「軽減税率について報告をしたい」と自民党本部で面会する。谷垣の後には、財務省幹部らも続いた。そして、会談後の記者会見で谷垣は自信満々に、総理からの指示について説明した。

「用意できる財源というのは限定されている。だからそれをしっかり守ってもらわないといけない。つまり、無い袖は振れないから、その枠内でしっかり議論してほしい、と」

記者団がその真意を確かめる。

「首相からも『4千億』という数字を出して、これが財源だという指示があったのでしょうか？」

「基本的にそこは総理も、そうお考えだと思います」

自民党案で進めろ、という総理の言質を取った谷垣は、記者団に誇らしげな表情を浮かべた。

この一報は、即座に菅にもたらされる。数分後には、午前の官房長官会見が迫っていた。血相を変えた菅が、慌てて総理執務室に駆け込む。

「総理、幹事長に『4千億円で』と言ったんですか？」

気圧《けお》されながらも、安倍は首を横に振る。

「いや、言ってないよ」

「じゃあ、この件はちょっと私がやりますから」

菅は、早口でそれだけ言い放つと、飛び出すように執務室を出て、記者会見場に向かった。予想通り、記者からの質問は、総理から谷垣への指示に集中した。

「総理の指示は4千億円を上限とするということなのか？」

菅は、表情一つ変えず答える。

「私は具体的にいくらを指示したかというのはまったく承知していません。総理も具体的な形でそこまで指示をされていないと思います」

ここから菅は水面下での巻き返しに奔走する。自民党幹部への強烈な根回しを始めたのだ。まず、極秘で、自民党税調幹部の1人である高村《こうむら》正彦副総裁との会合を急遽セッティングする。

東京・永田町のザ・キャピトルホテル東急のダイニング「ＯＲＩＧＡＭＩ」。個室の席に着くと、高村が機先を制する。

「菅さんには、公明党を説得してもらおうと思っているんですよ」

当選12回の重鎮に対し、菅はすごみを利かせて反論する。

「副総裁、絶対ダメですよ。これは絶対譲れないんですよ。これをやったら政権がおかしくなりますよ」

あまりの勢いに高村は「まあ、何といっても政権の安定が第一だから、分かった」と矛を収める。

菅は、その後、総務会長の二階と直接面会し、二階は「分かった、分かった」と二つ返事で菅の方針について了承し、早々とこの件から降りる。政調会長の稲田朋美には電話で「これは約束だから、呑んでもらわないと困るから」とねじ伏せた。

そして、次に対峙したのは、こうした政治家を裏で操る黒幕の財務省だった。菅は、官邸に財務省の田中一穂《かずほ》事務次官と佐藤慎一主税局長を呼び出す。

「加工食品を加えても、まかなえる財源を見つけるのが財務省の仕事だ。何度も言わせるな」

厳しい口調で命令する菅。しかし、田中は、なお抗弁を続けた。財務官僚は、後ろ盾に麻生太郎財務相がいるため、菅には押し切られまいと過信していたのだ。この抵抗に、菅の堪忍袋の緒が切れる。

「これは、もはや政治判断なんだ。お前らはこれ以上、余計な動きをするな。俺は課長と話しているんじゃねえぞ。出て行け」

それでも自公の溝は埋まらない。12月2日から5日まで、交渉の責任者となっていた自民党の谷垣と公明党の井上義久幹事長は、日中与党交流協議会のためともに訪中した。

菅も、北京で谷垣と井上が手打ちをしてくると期待していた。ところが帰国後、菅が確認をすると、「谷垣さんとは、ほとんど話をできなかった」と井上は呆れ返った。菅は地団太を踏んだ。

「何をやってるんだ」

2016年度税制改正大綱を取りまとめる期限は12月10日だったが、谷垣は、その目前になっても、4千億円案から一歩も譲っていなかったのだ。

12月8日、午前10時から開かれた自民党役員連絡会で、一部の役員から「軽減税率の導入は自民党支持者も希望していることだ」との発言が相次ぐ。これは菅が裏で手を回し、こうした発言をするよう依頼したものだった。しかし、こうした雰囲気をまったく感じ取らない谷垣幹事長は、連絡会の後の記者会見でも平然と語った。

「私が恐れているのは、例えば平成29年4月から導入した場合、小売りの現場で混乱が生ずることはやっぱり避けないといけない」

この頃、財務省は加工食品を軽減税率の対象に含めた場合、事業者のシステムの対応が間に合わず、混乱をきたすという問題点を各所で広めていて、谷垣の主張はそれに完全に沿ったものだった。

公明党が取った対抗手段はあからさまだった。翌1月に予定されていた沖縄県宜野湾《ぎのわん》市長選挙で、米軍普天間《ふてんま》基地の辺野古《へのこ》への移設容認派の現職候補を公明党が推薦しない状態が続いた。「公明党の案を呑まなければ、来年の参院選の選挙協力もない」」、創価学会幹部は語気を強めた。

そして、12月9日正午、ついに安倍が動く。谷垣を官邸に呼び、昼食をとりながらの会談の場を持った。普段は、こうした場に菅が呼ばれることはなかったが、この日に限って安倍は「長官も同席してください」と告げた。

官邸2階の食堂から届けられた定食を前に、谷垣は押し黙ったままでいた。口を開いたのはやはり菅だった。

「幹事長、軽減税率は政権公約ですから。連立政権を維持するためには、これはきちっとやらなければおかしくなりますよ」

谷垣が安倍の顔色をうかがうが、安倍は黙って谷垣の目を見つめた。菅がまくし立てる。

「参議院は、自民党は過半数ないんですよ。この法案を出したって公明党が反対したら通らない。公明党はそれくらいの思いなんですよ！」

そして、安倍が裁定を下す。

「幹事長、公明党の主張を呑んでください」

会談後、谷垣は目を潤ませながら記者団の前に姿を現した。戦いの決着がついた瞬間だった。官房長官執務室に戻ってきた菅の表情を見た官邸スタッフは、「鬼のような形相だった」と振り返る。その日一日、菅はほとんど言葉を発さなかったという。

菅の暗闘の甲斐もあり、12月12日、自民・公明両党は軽減税率を酒類及び外食を除く飲食料品全般に適用することで最終合意する。規模は1兆円。公明党の主張が完全に受け入れられた。そして、この2日後、公明党は宜野湾市長選で現職候補への推薦を発表する。

麻生は、この決着について、「菅は官房長官の『のり』を完全に超えた」と周囲に対して批判したと伝えられた。党内からも、「菅は創価学会に魂を売った」との批判が上がっていた。


こうした党内からの厳しい批判に対し、菅は口を閉ざしてきた。しかし、1カ月近く経ったこのときでも、その怒りは収まっていなかったのだ。パンケーキをナイフとフォークで切り分けながら、無表情でどんどん口に運んでいく。

「長官は、どういう気持ちで軽減税率の問題に対応していたんですか?」

手を止めず、下を向いたまま呟く。

「俺だって、あんなことはやりたくなかった」

「でも、やらざるを得なかった?」

「生鮮食品だけを対象にしていたら、自民党は『国民の気持ちが分からない政党だ』とボロクソに叩かれていた。俺は自民党のために、という思いでしかなかった」

批判の矢面に立ちながら、安倍と政権を守り抜こうという姿勢は、自らが盾となり、満身創痍《そうい》で源義経を守った武蔵坊弁慶を彷彿《ほうふつ》とさせた。

そこまでして守ろうとするのは、なぜなのか。

「なぜ、総理ではなく、長官がここまでやらなければいけなかったんですか？」

「俺は総理の重圧を少しでも和らげないといけないからな」

このとき、安倍は菅について、「菅ちゃんは汚れ役もやってくれる」と語り、全幅の信頼を寄せていた。菅はその期待に応えるためにも、身体を張り続けていた。

総理の座に就いても、菅は、自民党がいつかは自らに刃《やいば》を向けてくるのではないかと警戒し続けていた。党内基盤が弱い自分が総理の座を守るためには、常に党内に対し、力を示し続けていなければならなかった。だから、2021年3月21日の自民党大会の演説が党内で高く評価されたことで、愁眉《しゅうび》を開いたのだ。しかし、菅は、それから半年も経たないうちに、手のひらを返し、豹変する自民党の恐ろしさを思い知らされることになる。

訪米の成功

自民党大会を成功させた菅は、衆院選に向けた政策を手がけていく。その一つが、孤独孤立対策だった。菅は2月に孤独孤立対策担当大臣を新設し、坂本哲志《てつし》一億総活躍担当相に兼務を命じた。新型コロナで浮き彫りになった、自殺者の増加などの社会問題を解決したいという菅の強い思いがあった。自殺対策の窓口となっているNPO（非営利組織）などを自ら視察し、60億円の予算をつけた。さらに、菅が推し進めようとしていたのが「こども庁」の設置だった。日本の未来を考えたときに、子ども政策を一元的に担う組織が必要だと考えていたのだ。そして、こうした政策を、秋までにある衆院選の目玉公約にしようという狙いだった。

4月15日、菅はアメリカに向け旅立つ。そして、現地時間の16日、ワシントンDCで、バイデン大統領と初めての首脳会談に臨んだ。最大の注目点は、中国に対してどのようなメッセージを打ち出すのかということだった。アメリカ側が強く求めてきた「台湾海峡の平和と安定の重要性」という文言を共同文書に盛り込むかどうかをめぐって、ギリギリまで調整は続いていた。日本政府内には、中国への配慮から慎重意見も根強くあった。

しかし、菅の最終決断で、会談の成果を盛り込んだ共同声明に台湾問題が明記されることとなった。日米首脳の共同文書に台湾に関する文言が明記されるのは1969年以来で、1972年の日中国交正常化以降では初めてのことだった。

共同記者会見の直後、アメリカの菅から着信が入る。

「日本のメディアは結構、取り上げている?」

「記者会見もNHKで中継されていました。手応えはどうでしたか?」

「バイデンとはすごく仲良くなったよね。信頼関係は築けたと思う」

会談の冒頭は、「テタテ」と呼ばれる通訳のみを入れての会合だった。

「テタテはどんな感じでしたか?」

「バイデンはすごく温かい人だよね。メシにも手をつけずに15分の予定が30分にまで延びた。盛り上がったからね」

「台湾問題への言及が話題となっていますが?」

「だって、台湾問題を『平和的に解決する』というのは当然のことでしょう」

共同声明には日本政府の意向で、「両岸問題の平和的解決を促す」という文言が付け加えられていた。日本としては、「両岸問題」と明記することで、これまでの政府見解と変化はないというメッセージを中国に伝え、その反発を和らげる狙いがあった。

そして、菅にはもう一つの成果があった。菅は米ファイザー社のブーラCEOと電話会談を行い、ワクチンの追加供給について直談判していた。そして、ここで5千万回分の追加供給の約束を取り付けることに成功したのだ。

総理側近は「思い通りの外交となった」と訪米の成果を総括した。帰国後、菅は周辺に対し「ようやく、みんなが俺を総理大臣として見始めた気がするよ」と苦笑した。

3度目の緊急事態宣言

帰国した菅を待っていたのは、早くも押し寄せていた新たな感染の波への対応だった。今回の感染拡大の中心は大阪だった。大阪では、一日の新規感染者数が1千人を超える日が続く。そして4月18日、府内の感染者数が過去最多の1220人となると、大阪府知事の吉村洋文は、「感染と医療提供体制の危機的な状況を考え合わせ、緊急事態宣言を要請するべきだと判断した。人の動きを止める強い措置を集中して講じることが重要だ」と述べ、緊急事態宣言を政府に要請することを表明した。吉村は、飲食店だけでなく、百貨店やテーマパークなどの大型施設にも休業を要請するべきだとの考えを示したのだ。

これに慌てたのが、政府だった。菅は周辺に対し、「もう少し落ち着いてほしいよ。これでデパートを止めたりしたら、大変なことになる。デパートでクラスターが出たことなんて、ないのだから」と語った。

そして、小池も動く。東京でも宣言解除後の感染者数が最多となり、21日、緊急事態宣言の発出を政府に要請した。そして、この日、政府分科会の尾身会長も国会で、「今回はかなり強い対策を集中的に打つ必要がある。接触の機会を根本的に減らすことが求められている」と述べた。

焦点となっていたのは、〝人流〟への対策だった。連日、官邸では菅と関係閣僚らによる会合が開かれたが、西村担当相が専門家や知事らに同調し、「百貨店も含め、閉めるべきだ」と主張したのに対し、菅は「エビデンスがないことをやったら、政府は立っていられなくなる」と否定的な認識を示した。感染対策と社会経済活動は両立させるべきだという菅の考えに変わりはなかったし、あくまでも科学的な根拠に基づいた対策に限って打っていくべきだと考えていた。

しかし、結局、知事に突き上げられ、専門家らの「もっと厳しい措置を」という主張に押し切られるという、いつもの「後手後手」のパターンが繰り返される。政府は、酒類の提供停止という強い措置に加え、大型の商業施設などへの休業要請やイベントの制限強化に乗り出さざるを得なかったのだ。

23日、解除からわずか1カ月で3度目となる緊急事態宣言を正式決定した菅は、記者会見で、こう強調した。

「このまま手をこまねいていれば、大都市における感染拡大が国全体に広がることが危惧されます。こうした中で、再び緊急事態宣言を発出し、ゴールデンウィークという多くの人々が休みに入る機会を捉え、効果的な対策を短期間で集中して実施することにより、ウイルスの勢いを抑え込む必要がある。このように判断をいたしました」

そして、国民に対し、頭を下げた。何度も繰り返し目にしてきた光景だった。

「再び多くの皆様方に御迷惑をおかけすることになります。心からおわびを申し上げる次第でございます」

4月25日から5月11日という大型連休に合わせた短期集中での宣言。しかし、決定の日に尾身は国会で「何が何でも11日になったら解除するという意見ではなく、当然延長ということもあり得るという、条件的な賛成だ」と専門家たちの懐疑的な見方を代弁した。2週間あまりという宣言の期間に、専門家が不満を持っていたことは明らかだった。ここでも、政府と専門家の危機に対する認識の大きなズレが浮き彫りとなっていた。

立憲民主党の枝野代表は記者会見で、「今回の宣言に至ったことは、明らかに菅政権を中心に、大阪府や東京都などの政治的な責任によるものだ」と厳しく批判した。そして、東京五輪の開催について「国内の感染を広げることがないのか政府には説明責任がある。説明の期限はいよいよ迫っている」と指摘した。


この頃、菅は、ワクチン接種をいかにして迅速に進めるかに一意専心していた。医療従事者への接種は2月から始まり、全国の約3600万人の高齢者への接種は4月12日から始まっていた。しかし、一日の総接種回数は約5万回で、遅々として進まなかった。

また、国内治験等に時間がかかったことから、欧米諸国などに比べて、接種は大きく出遅れていた。

4月下旬、官邸を訪れた河野ワクチン担当大臣は、菅に対して、高齢者接種のスケジュールを説明していた。接種を担う自治体の体制にはバラツキがあり、早いところは7月下旬、遅いところでは8月中旬までかかるという説明だったが、聞き終わると菅はこう宣言した。

「よし、すべて7月末までに終わらせよう」

そして、23日の記者会見で「希望する高齢者に、7月末を念頭に各自治体が2回の接種を終えることができるよう、政府を挙げて取り組んでまいります」と打ち出した。この目標に対し、自治体からは「終われるはずがない」と公然と不満が上がり、毎日新聞は社説で、「高齢者のワクチン接種　かけ声だけでは混乱招く」と批判するなど、メディアも一斉に政府を叩いた。

菅はこの頃、周辺に対し、「俺はワクチンに勝負を懸ける」と繰り返し口にした。政治生命を全国民へのワクチン接種という国家的プロジェクトの成否に懸けたのだ。

この公約を実現するために、菅がまず動かしたのは総務省だった。全国にある約1700の自治体の一つ一つに総務省が直接当たり、接種に向けた体制や計画について、聞き取りやアドバイスを行っていった。

さらに、防衛省も動かす。菅は東京と大阪に自衛隊が運営する「大規模接種会場」を開設することを指示する。これまで各自治体に委ねてきたワクチン接種を、国が主導して行う姿勢を見せることで、加速化させる狙いがあった。

こうしたワクチン接種に向けた動きが進む一方で、感染者数は減るどころか、増加傾向にあった。明らかに、これまでの緊急事態宣言のときとは、状況が異なっていた。感染力が強い変異株への置き換わりが進んでいたのだ。

5月7日、菅は記者会見を開き、「緊急事態宣言の対象地域に愛知県、福岡県を追加し、5月31日まで延長する」と発表する。そして、「引き続き御負担をおかけします皆様に深くおわびする」と頭を下げた。〝短期集中〟との約束も、わずか2週間で撤回を余儀なくされた。

会見では、記者から「2週間あまりという、当初の判断は妥当だったのか」と問われた。専門家も含め、多くが「2週間では無理だと、最初から分かっていたのではないか」という気持ちだった。しかし、菅は、「人流の減少という所期の目的は達成できた」と答え、強弁に終始した。目的は人流の減少ではなく、感染の収束ではなかったのかと、聞いていた多くの国民は首を傾げただろう。

NNNと読売新聞がこの直後に行った世論調査で、菅内閣の支持率は前月から4ポイント下がって43％となり、「支持しない」が46％と、再び不支持が支持を上回った。そして、政府の新型コロナ対応については、評価するとの回答が12ポイント下がって23％、評価しないが68％となった。そして、東京五輪への対応について、「中止するべき」と答えた人が59％と最も多くなったのだ。

この数字を聞いた菅は、「ワクチンを進めれば上がる。ここが一番のしのぎ時だ」と語った。

この日の記者会見で、菅はワクチン接種について「一日１００万回接種」という新たな目標を打ち出した。しかし、この目標をめぐっても、各所から反対意見が相次いだ。会見当日の朝、菅の意向を知った厚労省は、すぐに「自治体の体制が整っていないので難しい」と伝える。河野大臣も直接、電話で「70万回が限度です」と説得したが、菅は「最後は俺が決める」と反対を押しのけた。この時点で、一日の平均接種回数はわずか6万回だったから、反対するのも当然だった。

確かに、１００万回というのは、データを積み上げた数字ではなかった。しかし、菅が注目したのはインフルエンザのワクチン接種が、一日60万回行われてきたことだった。そして、インフルエンザの場合は、産業医らによる企業接種が大きな割合を占めていることに気付いた。そこで、自治体による接種と同時並行で、企業や大学で行う職域接種を進めれば、100万回は達成可能と踏んだのだ。

また、急務だった打ち手の確保のために、医師と看護師のほか、歯科医師にも接種が可能になるように厚労省を動かした。やれることはすべてやる、菅は突き進むしかなかった。「一日100万回」という高い目標を掲げることで、繰り返された宣言延長への批判を少しでも逸らしたいという焦りが滲み出ていた。

専門家の反乱

5月に入ると、感染は首都圏や関西圏だけでなく、全国的な広がりを見せ始める。5月13日、政府は感染拡大が続いていた石川・群馬・岡山・広島・熊本の5県を追加し、蔓延防止等重点措置を適用する方針を固める。

宣言や蔓延防止措置については、政府が基本方針を定めた上で、専門家による基本的対処方針分科会に諮《はか》った上で、最終的に政府の対策本部が正式決定するという流れだった。政府にとって、分科会は政府の方針に〝お墨付き〟を与えるための「追認機関」であり、これまでも政府の方針に異を唱えることはなかった。

しかし、専門家らはひそかに〝反乱〟の動きを始めていた。13日夜、専門家らはオンラインで集まり、「今度の分科会では、政府案を認めるのはやめよう」と結束を確認したのだ。そして、14日朝、政府の諮問《しもん》を受けて分科会が開かれるが、前夜に示し合わせた通りに、専門家たちから異論が噴き出す。「蔓延防止の措置では到底、無理だ」、「逼迫する医療状況についての視点が抜けている」など厳しい意見が相次ぎ、議論は紛糾する。慌てた西村担当相が官邸に駆け込み、菅らと協議を行う。菅は、「専門家が、そこまで厳しくしろと言うなら、尊重せざるを得ないだろう」と、その場で西村に方針変更を指示した。

結局、政府は分科会への諮問案を取り下げ、急遽、北海道・岡山・広島に緊急事態宣言を発出する案に方針転換した。前例のない事態が起きてしまったのだ。

立憲民主党の安住淳国対委員長は、記者団の前で皮肉った。

「朝令暮改じゃなくて暮令朝改か。夜に決めて朝に直すって、これまあ、珍しいね。政府は一体、何をやってるんだと。国民から見たら本当に不信感を招くんではないか」

自民党内からも、「政府は機能不全に陥っているのではないか」との声が上がった。専門家と政府の間のコミュニケーションの欠如は、誰の目にも明らかだった。両者の危機意識の乖離を放置してきたツケが、肝心な場面で出てしまったのだ。

この夜、菅は専門家への不満を漏らした。

「専門家は『厳しくしろ』と言うだけで、どうすれば感染を抑えられるか、示してくれない。専門家は専門家らしいことを、やってほしいよ」

この翌日、総理公邸を福井県知事らが訪れた。知事が、ある資料を見せると、菅は目を輝かせた。

「こういうデータは初めて見た。こういうデータが欲しかったんだよ」

それは福井県が4月以降に判明した県内の感染者全員を追跡し、ヒアリング調査したものだった。これまで、どういう状況で実際に感染が起きたのか、網羅的に分析した調査はなかった。この調査により、約85%がマスクなしの会話によって感染したという経路が分かったのだ。

菅が欣喜雀躍したのは、これでマスクを外して会話する機会が多い飲食店に絞った対策を進められるエビデンスを得たからだった。

「専門家は『厳しい発信で抑えよう』としか言わないけど、これで堂々と飲食ピンポイントの対策を進められる」

ロックダウンを繰り返した欧米においても、結局、感染を収束に向かわせたのはワクチンだったことから、菅はワクチン接種の加速化に邁進していく。合理主義者の菅にとって、「ワクチン」と「飲食店対策」こそが、コロナ対策のすべてとなった。専門家が求める「国民への発信」など、感染収束のためには、何の足しにもならないとの思いを強くしたのだ。

五輪開催「普通はない」

5月下旬になると、ようやく感染者数は減少傾向を見せ始める。しかし、7月に迫る東京五輪の開幕を前にリバウンドだけは避けなければならなかった。菅は周辺に対し、「今回は、解除については、慎重に判断したい」と語った。

5月28日、政府は東京や大阪など9都道府県への緊急事態宣言を6月20日まで延長することを決定する。菅は、記者会見で「感染を収束に向かわせる切り札がワクチンだ」として、接種を行っている医師、看護師と歯科医師に、救急救命士や臨床検査技師も加えることで、接種を加速化させる考えを示した。また、東京五輪について改めて開催への意欲を示した上で、会場に観客を入れるかどうかについては、「緊急事態宣言下でも野球やサッカーなど一定の水準の中で感染拡大防止をしっかり措置した上で行っている。対応はできる」と述べ、有観客としたい考えを滲ませた。

この頃、東京五輪をめぐっては、開催をするべきか中止とするべきか、開催をしたとしても、観客を入れるのかどうかが、大きな議論となっていた。菅は周辺に対し、「プロ野球やサッカーのJリーグなどでは観客を一定数入れても、クラスターは起きていない。オリンピックだけ特別扱いにしないでいい」と繰り返し説明していた。

しかし、専門家の慎重意見をきっかけに野党は強硬に五輪中止を主張し始める。

6月2日、衆議院の厚生労働委員会で、共産党の宮本徹が、分科会の尾身会長に質問した。

「感染対策を更にしっかり呼びかけていかなきゃいけないということが求められる中で、オリンピックだけを特別扱いにして行うことが社会に対してどういうメッセージになってしまうのか」

答弁席に立った尾身は、こう語った。

「今の状況でやるというのは普通はないわけですよね、このパンデミックで。そういう状況の中でやるということであれば、オーガナイザーの責任として、開催の規模をできるだけ小さくして管理の体制をできるだけ強化するというのは、私は、オリンピックを主催する人の義務だと」

専門家のトップが「普通は今の状況では五輪を開催しない」と発言したことに、野党は色めき立つ。そして尾身は、専門家として、五輪に関する感染リスクの評価や感染対策などについての提言を事前に発表する考えを示した。

この夜、電話先の菅の専門家に対する不信感は最高潮に達していた。

「これまで専門家たちが、きちんと感染リスクを評価していてくれたら、こんな状態にはなっていない。国家の命運を懸けるものを、責任を負わない専門家が決める話ではないんだ」

6月8日、菅は、翌日の党首討論のために、ある場所の会議室で準備を進めていた。総理として初めて臨む国会の党首討論だった。

「枝野が聞いてくるのは、オリンピックだろうね。ここで、どうやって開催する意義を伝えるか、いま一生懸命考えているよ。私自身が、高校生だった57年前の東京五輪のことを今でも鮮明に覚えているんだよね。東洋の魔女の回転レシーブ、マラソンのアベベの走り、あとは柔道のヘーシンクの試合後の立ち居振る舞い、そういう思い出を語ろうと思う。世界で40億人がテレビで見るのだから、日本がこの難局をいかに乗り越えていけるか、それを発信したいね」

この頃、菅は自分のスマートフォンで、官邸のホームページを見ては、毎日、ワクチンの接種回数をチェックするのが習慣となっていた。

「きょうは95万回を超えたから、もう100万回は時間の問題だね。職域接種をやりたいという希望もどんどん来ている。イギリスは1回目の接種が国民の5割を超えてから、だいぶ、感染者が減ったらしい。だから、日本も7月になれば、だいぶ落ち着くでしょう。高齢者の接種も、このまま行けば7月末には終えられる。東京で新規感染者数は235人まで減ったけど、そのうち高齢者は16人だからね。高齢者は人口の3割を占めているのに、7%ということは、ワクチンの効果が出ているということだろう」

意外に思われることも多いが、菅はこうした数字にめっぽう強い。ワクチン接種が進めば、必ず感染は抑えられるという手応えを感じていた。

「うちの6月の世論調査ですが、先月から6ポイント下がって37%。発足以来最低になってしまいましたが、ここが底ですかね？」

「うーん」

腕を組んで目をつぶると、ため息をつく。

「いつになったら、反転するんだろうな」

菅にしては珍しい弱音だった。

自民党内議連の乱立

菅は、6月11日からの3日間、イギリス・コーンウォールで開催されたG7サミットに初めて出席する。ここで、菅は各国の首脳から、東京五輪開催への支持を取り付ける。また、首脳宣言には中国が軍事的な圧力を強める台湾海峡について、平和と安定の重要性が初めて明記されることとなった。

菅はイギリスからの電話で、「俺は根回しが得意だから、イニシアチブを取ってやったよ。各国と本音の話ができた」と、初めての多国間外交への手応えを口にした。

この頃、自民党内では、秋の総裁選を見据えた政局が動き始める。舞台となったのは、新たに設立された「議員連盟」だった。

5月21日、日本の半導体業界の復活に向けた「半導体戦略推進議連」が約60人で発足した。会長は甘利《あまり》明税調会長で、最高顧問には安倍晋三前総理、麻生太郎副総理が就任した。設立総会の挨拶で、麻生は「A、A、A。なんとなく政局という顔ぶれだから多くの新聞記者がいるが、半導体の話をしに来たので期待が外れる」と語ったが、二階派議員からは「〝3A《スリー》〟が自民党総裁選や人事を見据えて、二階幹事長に対抗し、主導権を握るための動きではないか。二階派の議員は招待されていない」と警戒する声が上がった。

6月11日には、岸田前政調会長がポストコロナの経済政策を議論する議員連盟を立ち上げ、145人が参加した。最高顧問には、安倍・麻生、発起人には甘利が名を連ねた。〝ポスト菅〟を狙う岸田が、直接、安倍前総理らに議連への参加を依頼した。

岸田は設立総会の挨拶で、「今日も最高顧問をお願いする安倍前総理、麻生副総理、そして甘利税調会長、いわゆる〝3A〟そろい踏みで、マスコミの皆さんはさぞかし喜んでいらっしゃるだろうと想像をするところであります。先立ちまして私、〝1K〟の方から議員連盟に際して趣旨等お話しさせていただきたいと思います」などと、珍しく饒舌に語った。岸田としては、この議連で、ポスト菅に向けた後見役の〝3A〟の存在をアピールする狙いがあった。

この4日後には、二階幹事長が、海洋進出を進める中国に対抗するための「自由で開かれたインド太平洋構想」を進めるための議員連盟を設立し、すべての派閥から約130人が参加した。二階は、林幹事長代理を通して、安倍前総理に最高顧問就任を依頼し、快諾された。

二階派議員は、「幹事長は、議連が乱立する中で、自分が外されたので焦ったのだろう。自分が存在感を出して、党内をまとめようという狙いだ」と解説した。二階としては、安倍を取り込むことで、〝3A〟の結束にくさびを打ち込む考えがあったとみられる。6月15日の設立総会の当日は、半導体戦略推進議連の会合と日程が重なったが、半導体議連が時間を30分ずらし、多くの議員が掛け持ちをするために、議連をはしごする姿が見られた。

こうした議連の動きについて、自民党の中堅議員は「こんなのでは政局の動きにはならない。さや当てをしている感じだよね」と指摘した。この時点では、〝3A〟も二階幹事長も菅続投を支持している中で、〝菅おろし〟につながるような動きは党内に一切見られなかった。ただ、秋の幹事長人事をめぐっては、党内で権勢を振るう二階への不満が高まる中、菅がどのような判断をするかが注目されていた。

ワクチン混乱の誤算

6月17日、政府は、沖縄県以外の緊急事態宣言を解除する方針を決定する。菅は会見で「今後何よりも警戒すべきことは、大きなリバウンドを起こさないことだ」と強調した。しかし、実はこの前日には、前週まで400人台で推移していた東京の新規感染者数が500人を超え、リバウンドの萌芽《ほうが》は見え始めていた。ただ、7月23日に開会式を迎える東京五輪を考えれば、このタイミングで解除せざるを得なかったのだ。

6月末の夜、2週間ぶりに会った菅の頭の中は、相変わらずワクチンが占めていた。私の顔を見るなり、こう切り出した。

「ワクチン、きょうは160万回を超えたよ。まだ職域接種の数字が入ってないから、実際にはもっと行っているだろう」

「でも、東京の感染者数が少しずつ増えていますね」

「それでも、まだ数は保ってくれている。ワクチンの効果だろうな」

「東京で600人や700人にまで増えてくると厳しくなりますね」

「だけど重症者は減っているからね。全国でも感染者数は1500人前後だから。それなのに、テレビは東京の新規感染者数ばかりを取り上げているよね。

あと、テレビは、職域接種を止めたことで大騒ぎしている。でも、もうモデルナのワクチンが足りなくなってきてしまっているから、仕方ないんだよ。それでも、自治体にはファイザーのワクチンが行き渡っているんだから、それを打てば良いんだよ」

そして、菅の大きな悩みの種は、東京五輪の観客をどうするかだった。

「今、東京に出ている蔓延防止等重点措置を延長すると、観客は最大5千人になってしまいますね」

菅が、当惑の眉をひそめる。

「うーん。だから、『もう無観客にした方がいいのではないか』と言う人もいるよね。面倒くさくなっちゃうんだろうね。だけど、それだと感染が少ない地方でもすべて無観客になってしまうからね。イギリスなんて、一日1万5千人も感染者が出ているのに、テニスのウィンブルドンは連日、多くの観客を入れているからね。

だけど、俺がどうしても強硬にやりたがっているというストーリーを作られるんだろうな。観客を入れることで感染者数が増えるのなら、話は別だよ。命を守るのは大事だから。だけど、五輪が始まれば交通規制やテレワークが増えて東京の人流は減るし、ワクチンだって7月末には4割以上の人が1回接種を終える」

「世論は、無観客の方が安心だと思っているようですが」

「アスリートにとって夢の舞台なのに無観客ではかわいそうだよね。日本にとっても、世界にアピールできるチャンスなんだけどな」

この時点で、菅は危機感を持っていなかったが、菅が政治生命を懸けて推し進めてきたワクチン接種計画の綻びが、大きくクローズアップされていく。

まず、職域接種の申し込みが殺到したことで、モデルナ社製のワクチンは供給上限を超え、政府は新規の受け付けの休止に追い込まれる。モデルナ社製ワクチンは９月末までに５千万回分が供給されることになっていたが、この時点では１３００万回分ほどしか確保できていなかった。実は、４月の時点で契約変更があり、当初の予定より供給が減っていたのだ。しかし、河野大臣はその説明をせずに、幅広く職域接種を呼びかけたために、混乱を招いた。

さらに、自治体の集団接種などで使われている米ファイザー製のワクチンについても、供給量が７月から急減。これは当初の計画通りだったのだが、接種の加速化を進めてきた多くの自治体で、接種の予約の停止を迫られた。トータルの供給数では、全国民に行き渡るワクチンがあったはずなのに、配送過程で「目詰まり」が起きていたことも原因だった。

テレビでは、会場や医師などを揃えて準備を進めてきたのに、直前になって接種のキャンセルを余儀なくされた企業や自治体の怒りの声が、連日、取り上げられた。

ワクチン接種の予約一時中止を発表した兵庫県明石市の泉房穂《ふさほ》市長は、メディアに対し、「国の政治がここまでひどいとは思わなかった。信頼できない国に住んでいることは、憤りを通り越して悲しい」と政府への不満を露わにした。

菅はこうした混乱について、「ワクチンは十分な量を確保しているし、スピードが速すぎただけ。これはうれしい悲鳴なんだよ」と周辺に話した。振り返ってみれば、この時期のワクチンをめぐる混乱は一時的なものであり、全国の接種ペースに大きな影響があったわけではなかった。実際に、この3カ月後には、「ワクチンが余っている」との報道が出る事態となっていた。しかし、ここまで順調だったワクチン接種が、一転して「大混乱をきたしている」と大きく報道され、国民の間に、「ワクチン政策に失敗した」との印象が広がってしまったことは、菅にとって致命的な誤算となった。

第６章　なぜ総理の言葉は届かなかったのか

記者の質問に真正面から答えない、政策決定の過程を詳しく説明しない、同じ答弁を繰り返す。〝鉄壁のガースー〟と称された官房長官時代のスタイルを貫いたことが災いし、菅は「指導力のない総理」というレッテルを貼られていく。

「なぜ評価されない」

７月26日朝、赤坂の議員宿舎で日課となっている新聞各紙のチェックをしていた菅は、苦悶の表情を浮かべた。

「なんで『ワクチンがうまくいっていない』というのが６割以上もあるんだ」

この日、公表された日経新聞の世論調査。菅にとってショックだったのは、政府のワクチン接種計画について「順調だとは思わない」との回答が65％に上昇していたからだった。

ワクチン接種は、当初の予想を超える一日１５０万回ペースで進み、この時点で65歳以上の高齢者の8割以上が、1回目の接種を終えていた。「ワクチンに勝負を懸ける」と退路を断った菅は、7月末までに高齢者の接種を終えることと、ワクチン接種一日100万回を達成するという2つの目標をクリアし、政治生命を懸けた勝負に勝ったはずだった。しかし、国民が賛辞を贈ることはなかった。

この日経の世論調査で、菅内閣の支持率は発足以来最低の34％まで落ち込んだ。特に目を引いたのが、不支持の理由として最も多い53％となった「指導力がない」という評価だった。

菅の側近は、頭を抱えた。

「これだけ仕事をしている総理はいないのに。ワクチンだって、菅総理だから、このスピードで順調に進んだ。コロナだけではない。デジタル庁の設置だって、カーボンニュートラル宣言も携帯料金の値下げだって、菅総理が指導力を発揮したからこそできたことだ。1年弱でこれだけの結果を出したのに、なぜ評価されないんだ」

なぜ、国民が菅の指導力を評価しなかったのか。それは、菅の言葉が国民に届かなかったからだ。

安倍前総理の心配

この頃、安倍前総理に「〝安倍官邸〟と〝菅官邸〟の違いは何だと思うか」と尋ねる機会があった。安倍は、一瞬の迷いも見せず、即答した。

「私は、総理を辞めて、再登板まで5年間あったけど、後半の3年間はみんなで一緒に次の政権に向けて、私の下で準備してきた。菅さんも加藤（勝信）さんも世耕（弘成元経産相）さんも今井（尚哉元総理補佐官）さんも長谷川（榮一《えいいち》元総理補佐官）さんも佐伯（耕三元総理秘書官）くんも、ひそかに私が総理になるのを待っていたんだよ」

歴代最長となった自らの政権を支えてきたメンバーを懐かしそうに挙げた安倍。そして、小さくため息を漏らした。

「今回は、私がいきなりバトンタッチしてしまったから仕方ないんだけど、菅さんにはそういう人たちがいなかったよね。今も全部、菅さんがやっているそうだけど、それじゃ身も心も、もたないんじゃないかな」

自らが目立つことしか考えない側近たちの暴走で、官邸崩壊を招いた第1次安倍政権の蹉跌《さてつ》。どん底から這い上がるため、安倍は、失敗に向き合い、周到に〝チーム安倍〟を作り上げてきた。安倍のためなら命をも懸ける政治家・官僚たちが、絶対の忠誠心に基づき、それぞれが役割を果たし、安倍政権の継続のための黒子に徹した。特に、異能の総理補佐官だった今井尚哉は、安倍と一心同体となり、どうすれば政権を浮揚できるか、日夜、その演出に腐心し続けた。

「アベノミクスの『三本の矢』」に始まり、「地方創生」、「女性活躍」、「一億総活躍」、

「新三本の矢」、「働き方改革」、「人生百年時代構想」等々、7年8カ月にわたる長期政権の中で、国民を飽きさせないための〝看板〟を掛け替え続け、国民に対し「やっている感」を強く印象づけていったのも今井の成せる業だった。

安倍ほど毀誉褒貶《きよほうへん》が相半ばする政治家もいないが、当時の世論調査において、安倍を支持しない人たちの最大の理由は「人柄が信用できない」というもので、指導力や政策ではなかった。

一方のチーム菅は、安倍の指摘通り、大きく様相が異なっていた。菅は、総理大臣の座に就く際、官房長官秘書官だった官僚を、ほぼ全員、そのまま総理秘書官に引き上げた。このことで、総理秘書官の年齢は通例よりも若くなったが、菅にとっては気心の知れた秘書官たちを引き続き登用するのは当然のことだった。

ただ、ある官僚は、この菅の選択に落とし穴があったと指摘する。

「官房長官秘書官の最大の役割は、毎日の記者会見をどう乗り切るかということ。その日その日の課題について、各省と調整をして、マスコミの批判を呼ばないような答弁を慎重に作成していくのが役割だ。だから、どうしても受け身の対応になってしまう。一方で、総理秘書官は、政権が進むべき針路や国家のグランドデザインを描き、中長期的な戦略に基づいて、どんな政策を打ち出し、国民へのメッセージを出すかを考えないといけない。菅さんの秘書官たちは、まだ長官秘書官の癖から抜け出せていないのではないか」

この1年間、新型コロナウイルスとの戦いに奔走してきた菅は、官邸での記者会見を20回行ってきた。さらに、ぶら下がり取材への対応は、多いときには週に数回にも及んだ。安倍政権の最後の1年の会見が、13回だったことを考えれば、国民への発信の機会はかなり増えている。それなのに、発信力が欠如していると批判されていることが深刻だった。

その要因の一つが、菅も秘書官たちも7年8カ月続けてきた官房長官会見という「守りの発信」の癖を引きずっていたことだ。史上最長となった官房長官時代に、ギネス級とも言われた数の記者会見を日々こなしてきた菅は、〝鉄壁〟と称されるほど守りが堅かった。

以前、閣僚の舌禍《ぜっか》事件が相次いだときに、「なぜ、長官は失言をしないのか」と菅に尋ねたことがあった。菅はにやりと笑うと、得意げに解説してみせた。

「失言をする議員は、聞く人たちを喜ばせようとしてしまうんだよ。だから余計な一言を滑らせる。俺は、何度だって同じ答弁を繰り返せるし、聞く人を喜ばせようなんて思わないから」

確かに、官房長官会見で、記者は、何とか菅の口からニュースを引き出そうと、あの手この手で質問するが、菅は規定の答弁ラインから一切逸脱することはなかった。おのずと、記者の質問には直接、答えないことも多くなる。しかし、長官番記者たちにとってみれば、記者会見で菅の怒りを買う質問を執拗に繰り返すよりも、別の機会にサシとなって懇談取材に呼ばれる方が、メリットが大きいという思惑もある。だから、〝はぐらかし〟答弁を殊更《ことさら》、問題視することもなくなっていった。メディアと菅官房長官との打算的な関係が築かれていたとも言える。つまり、〝鉄壁のガースー〟は、こうした関係を前提として成立していた〝幻想〟のようなものだった。

このような官房長官会見という〝成功体験〟を菅本人もチーム菅も、そのまま総理就任以降も引きずっていたのは必然のことだったのかもしれない。しかし、官房長官会見が事実を広報するだけの発信にとどまり、余計な批判を呼ばないための「守りの会見」という側面が強いのに対し、総理大臣会見はまったく性質が異なる。特に新型コロナ禍のような危機の局面においては、国民はリーダーからの強いメッセージを欲していた。守りではなく、攻めの姿勢で、国民の不安や不満を雲散霧消させ、時には国民の心を揺さぶり、説得し、危機を乗り切る希望を与えることが、総理の演説には求められていた。

しかし、総理になった菅の発信は、長官会見の再現を見ているようだった。特に、質疑応答になると、記者たちの質問に真正面から答えずに、決められた答弁だけを繰り返す傾向が顕著になる。

記者会見だけではない。例えば、5月10日の衆議院予算委員会の集中審議。ここで立憲民主党の山井《やまのい》和則は菅に対し、東京五輪に対する姿勢を質した。

「菅総理、オリンピックが開催される７月、８月、ステージ３の感染急増あるいはステージ４の感染爆発、そういう状況でもオリンピック・パラリンピックは開催されるんですか」

答弁席に立った菅は、視線を手元に落とし、原稿を読み上げる。

「東京大会について、ＩＯＣ（国際オリンピック委員会）は開催を既に決定をし、各国にも確認をしております。開催に当たっては、選手や大会関係者の感染対策をしっかり講じて、安心の上、参加できるようにするとともに、国民の命と健康を守っていくのが責務だと思います」

菅が直接、質問に答えていないのは明らかだった。山井は苛立ちを露わにしながら、質問を繰り返す。

「菅総理、これは質問通告もしているんですよ。非常に基本的な質問です。感染急増のステージ３、感染爆発のステージ４、そのときにもオリンピックはやるんですか。お答えください」

菅は再び立ち上がると、平然と再び同じ答弁を読み始めた。

「東京大会においては、先ほど申し上げましたように、ＩＯＣが開催を……」

委員室が騒然となる中、30分あまりの質疑で、菅は実に６回も同じ答弁を繰り返したのだ。

　これが官房長官会見であれば、答弁を繰り返したこと自体を、ニュースで取り上げられることもなかっただろう。しかし、このやりとりは、ＮＨＫで全国中継されていた。「壊れたテープレコーダーみたいだ」と野党が批判した菅の姿勢を、国民はどう感じただろうか。

　一方で、菅の立場に立ってみれば、「ステージ４になれば、五輪は中止します」などとは、口が裂けても言えなかった。五輪開催の可否を判断するのは本来的には主催者であるＩＯＣや東京都であり、政府が中止の可能性に触れれば、野党はそこを一斉に突いてくる。この質問は「野党の罠だ」と菅の防衛本能が働いたからこそ、「同じ答弁を繰り返すのも当然だろう」という態度を貫いた。しかし、菅に抜け落ちていたのは、「どうなれば五輪は開催し、どうなれば中止するのか」という質問は、国民にとっても大きな疑問だったということだ。だから、国民からすれば、このやりとりは、「答えるべきことに答えない」菅の頑迷《がんめい》さや不誠実さを印象づけるものとなった。同じ答えを繰り返すにしても、言葉を変えたり、視点を変えてみたり、工夫をすることもできたはずだった。東京五輪開催への世論の支持が高まらなかったのも、こうした姿勢が一因となったはずだ。野党の追及をかわすことや、記者の質問を一刀両断する〝官房長官スタイルの発信〟にこだわるあまり、その先にいる国民の思いが見えなくなってしまっていたのではないか。

菅の原稿は誰が書いている?

菅の発信力不足を批判する際に、「官僚原稿の棒読みだ」という指摘をよく耳にした。しかし、これは事実ではない。

菅の記者会見の原稿は、まずベースとなる案を首席秘書官が中心となって、関係省庁と調整をした上で前日までに書き上げる。そして、この案を菅自身が、1行1行、吟味し、ピンク色の蛍光ペンを片手に、筆を入れていく。そのこだわりはすさまじく、「この部分はもっと分かりやすくできないか」、「ここは言い回しを変えよう」と細部まで秘書官たちと話し合いながら、A4用紙1枚の原稿を1時間以上かけて推敲していくこともある。そして、修正した原稿を宿舎に持ち帰ると、さらに朝までの間に、手書きのボールペンの字が増えている。終わってみれば秘書官チームが作った原稿が跡形もなく変更されることもあり、原稿は菅の言葉に置き換わっている。

ただ、問題は菅の好む原稿のスタイルにあった。菅は原稿を手直しする際、できるだけ簡潔にしようとする。そして、情緒的な言葉や大袈裟な表現は、徹底的に排除する。必要最小限の言葉で伝えようとするため、そこから切迫した危機感や生々しい人間らしさが欠如していく。血の通っていない、心に響かない発信となってしまうのだ。

例えば、5月7日の記者会見に臨む際、ある側近が「ワクチン接種をスピードアップすることを分かりやすくアピールするために、〝ワクチン加速化計画〟と銘打って発表するのはどうでしょうか」と進言したことがあった。アメリカのトランプ前大統領がワクチン開発計画を「ワープスピード作戦」と名付けたことを念頭に置いたもので、ワクチン接種を全力で進めるという政府の覚悟を国民にアピールしようという意図だった。

だが、菅は首を横に振った。

「そういうのは好きじゃない」

結局、会見では「私自身が先頭に立って、ワクチン接種の加速化を実行に移します」と述べるにとどめた。菅は政治的なパフォーマンスや過度な自己アピールを嫌厭《けんえん》する。「結果を出せば、評価はついてくる」という〝不言実行〟が信条で、男は黙って仕事をするというタイプだ。だから、パフォーマンスに長《た》けた小池百合子都知事と相性が良いわけがない。

菅は総理大臣に就任する直前に、「スピーチライターをどうしようか」と周囲に相談したこともあった。しかし、結局、特定のライターを雇うことはなく、そのときから秘書官がベースを書くスタイルが定着している。

また、総理就任後に、菅の知人が「スピーチのトレーニングを受けてみてはどうでしょうか。オバマ大統領をはじめ、欧米の首脳もプロから指導を受けています」と提案したことがあった。菅も一時は、前向きに検討し、具体的な指導者まで探していたが、別の人からは「菅さんは、そのままの朴訥《ぼくとつ》な感じが良いですよ」と正反対のアドバイスを受け、結局、立ち消えになってしまった。

パフォーマンスを嫌う菅だが、発信の重要性に無関心なわけではない。就任直後から、視線を下に落として原稿を読み上げるスタイルには批判があり、周囲から「プロンプターを使ってはどうか」とアドバイスをされた際には、素直に聞き入れた。そして、いざ使うとなると、一生懸命、練習に向き合うのも菅の真面目さだ。

3月21日に開催された自民党大会での総裁演説。第5章でも触れたが、この演説は党内基盤を持たない菅にとって、秋の再選に向けた重要な演説だった。会場となったホテルで使われるプロンプターは官邸の記者会見で使ってきたものと異なるタイプだった。そのため、菅は前日の土曜日、首相公邸にこの機械を持ち込み、秘書官らを集めて、16分間に及ぶ演説の練習に臨んだ。

本番さながらの演台が用意され、その前で1回目の読み上げが始まる。時折、言葉に詰まりながらも、比較的、スムーズに読み終える。新しいプロンプターに違和感はないようだと秘書官たちがホッとしたのも束の間、菅はこう言い放った。

「もう1回やろう」

プロンプターを操作する官僚が、慌てて原稿を元に戻す。そして、菅は、また最初から16分間の演説を繰り返す。

「どうだった？」

終わると、秘書官たちに意見を求める。１人が、こんな提案をする。

「最後の、衆院選の勝利を呼びかけるところで、拳を握るのはどうでしょうか」

数秒沈黙した後、菅は、演壇の前で右手を顔の横で握ってみせた。

「やっぱり、恥ずかしいな」

顔を赤らめながら、この提案は却下。菅はこの頃、長引く風邪の影響で喉を痛めていたため、秘書官は「そろそろ、喉の負担になります」と制止しようとしたが、さらに2回、演説を繰り返した。そして、ようやく安心したのか、笑みを浮かべた。

「家でも、練習しておくよ」

週刊誌などでは、「独裁者スガーリン」などと書き立てられた菅だが、マスコミ関係者や霞が関、経済界に菅のファンは多い。秋田出身の朴訥な人柄に触れたことがある者は、菅の気遣いや実直さに魅力を感じるのだろう。

こんなエピソードがある。６年ほど前、私が社会部記者時代に知り合った警察官たちと旧交を温め、酒を酌み交わす機会があった。私が菅官房長官の担当をしていると知った警察官の１人から、「今度、菅さんに会わせてよ」と冗談半分で懇願されたため、酔った勢いもあり、その場で菅に「今度、菅さんのファンの警察の皆さんとご飯を食べてください」とメールを送ったことがあった。すると、翌日、携帯に菅から電話がかかってくる。

「警察官の方との会合はいつにする？」

まさか、本当に聞いてくれるとは。しかし、菅は警察幹部を連れてくるとでも勘違いしているのではないか。

「いや、実は、警察の皆さんと言っても、幹部ではなくて、現場の巡査部長さんたちなんです」

慌てて説明すると、電話先で大笑いする声が聞こえる。

「そんなの関係ないよ。じゃあ、今度の土曜日の昼に。焼き肉でも行こう」

そして、当日、東京・銀座の焼き肉店の個室の座敷に集まったのは、あの日の飲み会とは様子がまったく違う、ガチガチに緊張して正座する警察官４人。そこに、菅は入るなり、「私は上座に座らないから」と言って、警察官を押しのけ、下座に座った。そして、運ばれてきた肉の皿を自分で持つと、自らトングを使って、一人ひとりのために焼いていったのだ。そこでは、政治や警察の仕事の話など一切なし。

「俺は、安い肉の方が好きなんだよ。その方が子供の頃から、食べ慣れているんだろうな」

あの会見で見せる強面はどこへやら、リラックスした菅は珍しく終始笑顔を浮かべていた。ある秘書官がかつて「菅さんは、決して人を肩書きで見ないですよ。どんな人を紹介しても、ちゃんと会ってくれます」と話していたことがあったが、その通りだった。とにかく現場で頑張る彼らを慰労したい、若い警察官がかわいくて仕方ない、そんな思いが滲み出ていた。菅には、こうした人間味のある一面もあるのだ。

多くの国民にとって、自分たちの国のリーダーのこうした人間性を垣間見る機会は一切なかった。記者会見や国会答弁のやりとりから、「血の通っていない冷酷な政治家」というイメージばかりが一人歩きし、菅に対して嫌悪感すら抱いている国民も増えていた。それも無理はなかった。「最小限」の発信のスタイルでは、国民に人間・菅義偉がどのような人物か、まったく伝わらなかったからだ。

こうした政権の発信力を改善するために、菅は秘書官の入れ替えを試みたり、メディアでコメンテーターとしても活動する元経産官僚の岸博幸を内閣官房参与に迎えたり、策は講じてきた。しかし、最後まで、そのスタイルを変えることはできなかった。

過程はブラックボックス

菅の言葉が国民に届かない理由は他にもあった。菅の政権運営は常にトップダウンであり、政策決定のプロセスを国民に説明しようという姿勢に欠けていたのだ。その手法は、人事権をテコに霞が関を上から押さえつけ、さらに自民党内にも有無を言わさない徹底的な〝官邸主導〟であり、国民に対する説明よりも、スピードを何よりも重視した。良い政策を打ち出せば、国民は必ず後から理解してくれるというスタンスだった。

例えば、官房長官時代の菅が手がけた政策に、「特定技能制度の導入」があった。官房長官当時、菅は関心を持った政策案件について、週末に議員会館で勉強会を開くのが恒例だった。人影もまばらな週末の議員会館で、菅の事務所だけは平日以上の熱気に包まれていた。

2018年2月にも、菅の肝煎りの週末勉強会が議員会館の事務所で開催されることになった。テーマは「外国人材の活用」、保守層を中心に反対論が根強いタブーに切り込もうという政策だった。

事務所の応接室に集められたのは、厚生労働省、国土交通省、農林水産省、法務省、観光庁などの局長6人。人事権を握る官房長官〝御前〟での勉強会に、どの局長も背筋を伸ばしたまま、ギリギリまで手元に用意した資料に目を落としていた。しかし、2時間の予定で組まれたこの会議は、わずか40分ほどで強制終了することになる。何があったのか。

菅が、外国人材の活用拡大の必要性を感じたのは、この数カ月前のことだった。菅の後援会の関係者で、千葉県内に複数の介護老人福祉施設を運営する理事長がいた。この理事長が菅と会合で一緒になったときに、「入所を希望する人はたくさんいるから、施設を新設したいけど介護職員が不足していてできない。外国人材の活用には規制があり、今ある施設でも、ベッドの数よりも少ない入所者しか受け入れられない」との悩みを訴えたのだ。

「この高齢化社会で、そんなおかしな話があるんですか?」

菅はその場で、すぐに厚生労働省から出向している秘書官に携帯で電話をかけ、調査を命じる。そして、翌日、「全国の8割の介護施設で、職員不足が理由で、入所者の受け入れを制限し、ベッドが空いている状態にある」との秘書官の報告が入り、菅の闘争心に火をつける。菅は直感的に推論を立てる。「理事長が求めている外国人材の受け入れ拡大にしか、答えはないのではないか。そして、同じような人材不足は他の業界でも起きているのではないか」と考えた。菅は、すぐにサントリーの新浪剛史《にいなみたけし》社長ら、人材不足が深刻化していそうな業界に精通するであろう、旧知の経営者らに片っ端から会合を申し入れる。疑問が浮上すれば、信用できる「現場の人間」に話を聞くのが、菅流の政策立案のスタートだ。

こうした経営者らとの会合を経て、菅は幅広い分野で、人材不足が成長の阻害要因となっていて、それを解消するために外国人材の活用が不可欠であることを確信する。では、どのように人材の受け入れを拡大していけばいいのか。そこから先は、官僚を動かす段階に入る。

そこで2月の週末、菅の事務所応接室に集められたのが6人の局長だった。日本における出入国を管理する入国管理局長に加え、介護や建設、造船、農業や宿泊業など、外国人材を必要とするだろうと菅が見立てた業界を所管する局長たちだった。

長机の上座に、菅が腰を下ろすと、勉強会はスタートする。菅は目の前に置かれた、各省庁の資料に目を落とす。

建設業界を所管する国土交通省の局長が口火を切る。外国人材の必要性について説明する。

「現在は、2020年の東京オリンピック・パラリンピックに向けた建設ラッシュで人手不足が深刻になっていますが、オリンピックが終わったら需要は減りますので、外国人材は必要ないと考えております」

菅は、表情一つ変えず、局長に視線を向けるだけで、一言も発しない。

次は、かつては世界一を誇った日本の造船業界を所管する海事局長だった。

「リーマンショック前の新造船の大量発注、その後の海上荷動きの低迷によって、現在、世界的に造船供給能力過剰に陥っています。今後も需要が伸びることはありませんので、外国人の労働者がこれ以上、必要となることはないと考えます」

そして、続いて説明をした介護、農業、観光を担当する、いずれの局長も「外国人材は必要ない」と結論付けた。

説明が終わっても、菅は沈黙したままだった。気まずい空気に、6人の局長はそれぞれ手元の資料に視線を落とす。すると、菅がようやく口を開く。その目は怒りで満ちていた。

「俺が現場の人たちから聞いている話と全然違う。もっと現場の声を聞け。天下りした業界団体の専務理事の声だけを聞いて、言っているんじゃないだろうな。現場の声を聞いてみて『外国人材は要らない』と言うんだったらいい。1カ月、時間をやるから聞いてこい」

そう言うと、菅は立ち上がり、部屋を出て行った。残された局長たちの顔から血の気が一斉に引く。

菅の怒りの原因は、局長らの説明が自分の期待した答えと違っていたからだけではなかった。局長らから聞こえてきたのは、業界の悲観的な見通しだけで、どうやって難局を乗り越えて業界を成長させるか、まったく展望が示されなかったからだ。「だったら、役所にそんな局は必要ないということだろう」。担当する業界の将来像すら示せない局長らが許せなかったのだ。

翌日、菅のもとに、各省の事務次官が慌ててやってくる。そして、口々に「私も外国人材が必要だと思っていました」と頭を下げてきた。

菅は、この頃、西日本新聞の連載をまとめた『新　移民時代』という本を手にする。「移民政策」を否定する日本において、外国人留学生や技能実習生がいかに日本社会に不可欠な労働者となっているか。丁寧な現場取材によって、現状の制度のひずみや矛盾を浮き彫りにしたものだった。

あの勉強会から3カ月後、菅は、6人の局長を再度、週末の議員会館事務所に招集し、〝リターンマッチ〟の場を設けた。

2時間の勉強会の前半に、『新　移民時代』を執筆した西日本新聞記者によるプレゼンテーション。そこでは造船会社や建設会社でいかに外国人労働者が必要とされているか、実例を交えて説明が行われた。それが終わり、記者が帰ると、後半は局長らによる説明だった。もちろん、その内容は、前回から180度変わっていたことは言うまでもない。

政府はこの年の6月、経済財政の基本方針となる「骨太の方針2018」を閣議決定した。その中で、人手不足を解消するため、単純労働の分野にも外国人材を受け入れる新たな在留資格の創設が盛り込まれ、労働力としての外国人の受け入れを大幅に拡大することが掲げられたのだ。

しかし、乗り越えるべき壁は、身内に潜んでいた。10月22日から自民党法務部会で、外国人労働者の受け入れ拡大のために、「特定技能」という新たな在留資格を設ける出入国管理法改正案の議論がスタートする。外国人政策の歴史的転換となるこの改正案に立ちはだかったのが、保守系の自民党議員たちだった。

「これは事実上の移民政策だ」

安倍総理にも近い青山繁晴《しげはる》や小野田紀美《きみ》ら、移民政策に対するアレルギーの強い保守系議員らが、徹頭徹尾、反対を叫ぶ。法務部会は紛糾し、当初、法務部会長が了承を取り付けるはずだった26日金曜日の会議でも、結論を出すことができなかった。議論は29日月曜日に持ち越しになった。臨時国会で法案を成立させるためには、ぎりぎりのタイミングとなっていた。

こうした法案審査の中で、唯一、賛成を訴えていたのが、宮崎1区選出の武井俊輔《しゅんすけ》だった。武井が廊下にも響くほどの大声で主張する。

「地方の声を聴くのが自民党でしょう。地方のコミュニティはもう成り立たなくなっているんです」

しかし、その声をかき消すほどのヤジを10人以上の議員が浴びせかける。自民党議員同士のやりとりとは思えない修羅場だった。

この日の会合が終わった夜、武井の携帯に一本の電話が入る。声の主は菅だった。

「大変な中でよく言ってくれた。必ずこの法案は通していくから。月曜日は、もっと仲間が増えるから、また頑張ってくれ」

武井は、岸田文雄側近で知られ、決して菅とは近くない。もちろん菅は法務部会には出席していないのだが、誰がどういう意見を述べているかすべて把握していた。

武井はこう語る。

「さすがだよね。全部、見ているんだよ。あれだけヤジられた後だったから、うれしかったし、励みになった。菅さんはそういう言葉をまったく嫌味なく、かけられるのがすごいよね」

一方で、菅は反対派の議員にも個別に電話をかけていく。菅から電話をもらった保守系の中堅議員は、まわりに聞こえるようにうれしそうに語っていた。

「参ったな。菅長官から電話が来てしまったよ。それじゃあ、反対できないよな」

そして、法案提出のためのぎりぎりのタイミングとなった月曜日。法務部会の様子は一変していた。法務部会に向かっていた1回生議員はこう明かす。

「菅さんから『法務部会に行って、反対派を潰せ』と指令がありました。法務省からはレクを受けていて、意見を言うための資料をもらってきました」

その1回生議員が驚いたことに、菅から渡された資料は、ほとんどの議員の机の前にも置かれていたのだ。
法務部会での議論は、これまでとは打って変わって賛成派の意見が続く。そして、反対派も「我々は必ずしも法案に反対しているわけではない」と、明らかにその場を収めようとしていた。結局、この日で法案は了承され、臨時国会に提出されることになる。

臨時国会では、野党は法案に猛反対する。法案は、外国人労働者の受け入れ人数など具体的な部分の多くを省令に委ねる内容だった。つまり、具体的な運用方針は、法案成立後に各省に丸投げされるとも言えるもので、野党は「生煮え」の法案だと追及した。
12月7日、安倍総理への問責決議案の提出など、野党による徹底抗戦で、参議院本会議の審議は翌日未明にまで及んだ。そして、土曜日の午前4時過ぎ、出入国管理法改正案は成立する。そこには、介護や建設、造船、農業、宿泊などを含む14業種での外国人労働者の受け入れが定められていた。あの菅の事務所での最初の勉強会からわずか10カ月という驚くべきスピードで、国のあり方を変えるかもしれない改革が実現したのだ。

こうした政策実現は、改革を重視する菅の真骨頂だった。そして菅は、国民のための政策なのだから、結果を出せば必ず国民は分かってくれる、と信じていた。しかし、時間をかけて熟議を重ねて政策を実現するスタイルとは正反対で、方針を定めたら霞が関をねじ伏せ、与野党に対しては水面下で周到な根回しを行い、大胆なスピードで一気に実現させるのが菅のやり方だった。自ずと国民への説明はおざなりになる。

　一方で、新型コロナ対策では、このやり方は通用しなかった。菅流のトップダウンの政策決定が、国民の不信感を招く結果となったのだ。

「楽観論」と「ワクチン一辺倒」

　新型コロナに対する菅の対応は、その指導力や発信力の欠如を強く印象づけることになった。

　2021年7月29日、参議院の内閣委員会に参考人として出席した政府分科会会長の尾身茂は、菅の危機感について問われ、「リスクコミュニケーションの面で今まで以上により良いメッセージの出し方をしてほしい」と注文をつけた。そして、翌日、尾身は官邸で菅と面会し、「政府として、国民に対し、しっかりとメッセージを発信してもらいたい」と直談判したのだ。

　なぜ、専門家が総理大臣に執拗に発信を求めるような事態が起きたのか。その背景には、専門家と菅の間の埋めがたい溝があった。

「超」が付くほどの合理主義者である菅は、コロナを収束させる手段というのは、結局はワクチンでしかないと確信していた。そして、「感染対策と経済の両立」を重視する立場から、感染対策はあくまでもピンポイントに行うべきだと考えてきた。だから、福井県が独自に行った調査で、感染の最大の原因が「マスクを外しての会話」と判明すると、「飲食店に絞ったピンポイントの対策は正しかった」との確信を抱いた。だから、菅のコロナ対策は、この1年間、一貫して「飲食店へのピンポイントの対策を続け、その間に、ワクチン接種を進める」ということに尽きた。

一方、尾身会長をはじめとする専門家は、より大きな〝人流〟というものを重視してきた。人が外出をすれば、人と人との接触の機会が増え、感染のリスクは高くなるという考えに基づき、大型施設を閉めたり、イベントを止めたり、より広範囲に社会経済活動を止めることを求めてきた。さらに、人流を減らすために、国民に危機感を共有させる政治のメッセージの必要性を訴えた。

しかし、菅は「人流を止める」ということは、感染対策としてあまりに曖昧模糊《もこ》としていて、科学的根拠に欠けると感じていた。広く社会経済活動を止めれば、倒産や失業が増え、自殺者が増えると懸念していた。だから、感情的に国民の危機感を煽ることを極力避け、飲食店の時短という対策に固執し、口を開けば「ワクチン」という言葉を繰り返した。接種が先行した欧米では、国民の4割が1回接種を終えれば、感染は下火になっていた。日本でも、粛々とワクチン接種を進めれば、必ず感染は収束する。だから、科学的な根拠の薄い対策を打つ必要などないと考えていた。科学の素人であるはずの菅が徹底的に「エビデンス」を追求した一方で、専門家たちが国民の感情を動かす「政治的メッセージ」を求めるという、皮肉な〝食い違い〟が生じていたのだ。そして、このズレは、どんどん広がっていく。

そして、菅にとって決定的に大きな誤算となったのは、デルタ株という感染力の強い変異株の出現だった。

ある自民党議員は、「菅さんの対策は、アルファ株相手だったら、成功していただろう。もっと早くにワクチンの効果は出ていたはずだし、五輪の前には感染は収束していたはずだった。すべてを狂わせたのはデルタ株だ」と語った。

ワクチン接種が本格化した6月、菅は私に「これはワクチンとウイルスの競争だ」と話したことがあった。しかし、デルタ株という新たな敵は、菅の予想を遥かに凌駕する感染力を有していた。感染の波が繰り返し押し寄せ、国民の不安や不満が積み重なる状況において、菅の見通しは常に「楽観的」との批判に晒され、実際にその対応は「後手後手」に終始した。

東京五輪の開催や観客をめぐる判断もまったく同じパターンだった。尾身会長は五輪について「今の状況でやるっていうのは、普通はない」、「開催したら国民の気持ちが緩む」などと後ろ向きな発言を重ねた。ある政府関係者は「『普通はない』とか『気持ちが緩む』というのは、まったく科学的根拠がある発言ではないだろう」と反発したが、菅も同じ思いだった。「プロ野球やJリーグは、1万人以上の観客を入れても、一度もクラスターは起きていない。なぜオリンピックだけ特別扱いしなければいけないんだ」というのが菅の本音だった。だからこそ、最後まで観客を入れての開催にこだわったのだ。しかし、結果は、同じことの繰り返しで、デルタ株が猛威を振るう中、菅の主張は専門家、メディア、世論に押し切られ、撤回を迫られたのだ。

菅が退陣を決めた2021年9月初旬以降、日本では人流が増え続けた一方で、突如、感染者数は急減していった。人流の抑制を声高に叫んでいた専門家たちは、その因果関係についての説得力ある説明をできていない。結果的に、「社会経済活動を極力、止めない」という方針の方が、正しかったのかもしれない。しかし、結果がどうあれ、大事なのはプロセスだった。コロナ禍という難局においては、感染者数が増えようが減ろうが、国民はリーダーの言葉を求めていた。より多様な意見に耳を傾け、政策決定のプロセスを透明化し、国民が納得するまで説明する姿勢が必要だった。「本当はこういう判断の方が適切だったのに」という本音を隠したまま、世論や専門家に押し切られた結果の〝建て前〟の説明に終始してしまったことで、国民は菅の言葉を信じられなくなったのだ。総理が何を聞き、何を考え、何に悩み、判断に至ったのか。国民に本音を語る勇気が必要だった。国民への説明を軽視したことで、結果として国民から見限られてしまったのだ。

第7章 苛烈な〝菅おろし〟

7月の都議選で惨敗し、緊急事態宣言下で開催された五輪中も感染拡大は収まらなかった。菅が描いていた「8月人事、9月解散」という極秘日程は幻となり、自民党内では総裁選をにらんだ動きが活発化し、〝菅おろし〟の風が吹き始めた——。

都議選での惨敗

2021年7月4日午後5時頃、電話越しの菅は、淡々とした口調だった。

「何とか、自民党で40議席は取りたいと思っている」

東京都議会議員選挙の投票の締め切りまで、3時間と迫っていた。菅は気付いていなかったが、その言葉は、私が4年前のあの日に耳にしたものと、一言一句、変わらないものだった。

2017年7月、この年の都議選も、菅にとっても自民党にとっても、絶対に負けられない戦いだった。前年の都知事選では、菅が擁立に走った増田寛也元総務相が、衆議院議員を辞職して無所属で出馬した小池百合子に完敗。その後、小池は、地域政党「都民ファーストの会」を立ち上げ、この都議選に公認候補50人を擁立していた。菅にとっては小池に対するリベンジマッチだった。

しかし、この年は、春から始まった森友・加計問題が尾を引き、安倍内閣の支持率は4割を切る水準で低迷していた。さらに、都議選告示の1週間前になって、追い打ちをかけるような事態が次々に発生する。衆議院議員2回生の豊田真由子《まゆこ》が、秘書に対して「このハゲ[illegible]」などと絶叫しながら暴行を加えたとされる事件が「週刊新潮」の報道で発覚する。また、稲田朋美防衛相が都議選の応援で「防衛省・自衛隊としてもお願いしたい」と発言し、自衛隊法への抵触が指摘されて発言を撤回する。さらに、自民党都連会長の下村博文前文科大臣は「加計学園から200万円のヤミ献金があった」と「週刊文春」に報じられ、釈明会見に追われた。

投開票日2日前、菅は私にこう囁《ささや》いた。

「何とか40議席は取りたい」

2017年当時の自民党の現有議席は57。ここから大きく減らすのは確実な情勢だった。民主党が大躍進した2009年の都議選では、自民党は結党以来の最低議席となる38議席に終わった。これを割ることはないだろうというのが菅の考えだった。

投開票日当日、投票締め切りまであと3時間となる中、私はホテルニューオータニのレストランで菅と会っていた。私の顔を見るなり、戦況について語り始めた。

「どんどん、状況が悪くなっている。30議席前後じゃないかってなってきている。NHKは25から35議席と言っている。共産党と競《せ》っているところが結構あるから。でも、30を切ることはないと思う」

菅がシュークリームを頬張る。

「なかなか厳しい結果ですね」

「うちが共倒れしているんだよね。きれいに割れちゃって、複数区でゼロ議席になっている」

「最終的には30数議席ですか?」

「そうなるんじゃないかな。競っているところが全部負けたら、もっと減る」

そう言って、菅は手帳に挟んであった15センチ四方ほどの白い紙を取り出した。鉛筆で手書きの細かい表が描かれていた。

「例えば、墨田区は共産党が15・7ポイントなのに対して自民党が14・2ポイントでしょ。さっきまでは、これがもっと離れていたんだ」

菅は、自ら選挙区ごとの表を作り、刻々と変わる出口調査での得票率を書き込み、分析を続けていた。この間にも、菅は選対関係者らに電話をひっきりなしにかけ続け、情報収集を行う。

「30議席前後だと党内からの批判が強まるのでは？」

「これで来年の総裁任期延長がなかったら大変だった。でもまだ、これからずっと政権を保っていくんだから、みんな言うこと聞くだろ」

この年の3月、自民党は党則を改定し、総裁の連続最大任期を「2期6年」から「3期9年」に延長していた。安倍は2018年9月に2期目の総裁任期が切れるが、これで次の総裁選に勝てば2021年9月までの長期政権が視野に入ることになった。

菅は、ドスをきかせた声で、こう言った。

「〝安倍おろし〟なんか、やったら許さないぞ、ってな」

別れ際、菅は「これから総理と夕飯なんだよ」とさっぱりした表情で言って、店を後にした。「安倍・麻生・菅・甘利」という第2次安倍政権の骨格とも言われた4人による久しぶりの会合だった。しかし、高級フランス料理を堪能《たんのう》する4人のもとにもたらされたのは、衝撃的なニュースだった。小池が率いる都民ファーストの会は、50人の公認候補のうち49人が当選したほか、推薦していた無所属候補6人を追加公認し、55人の第一党に躍り出た。一方の自民党は、23議席という歴史的惨敗だった。

この敗戦から4年、自民党都連は臥薪嘗胆《がしんしょうたん》、逆襲のための準備を進めてきた。小池率いる都民ファーストの会の勢いは見る影もなく、小池も、もはや自民党に擦り寄る姿勢を強めていた。6月中旬に自民党が行った情勢調査で「50議席は確保できる」との結果が明らかになると、自民党内には楽観ムードが広がった。

しかし、異変を菅に告げたのは、創価学会の佐藤副会長だった。

佐藤は、2021年3月いっぱいで学会本部を定年退職したが、その後も副会長として、隠然たる影響力を持っている。その佐藤のチームが独自に行った情勢調査で、自民党の勢いが急速に落ち、6月最後の週末には47議席だった予測が42議席に減っていた。小池が激務による疲労で6月下旬に入院したことに対する同情と、「自民大勝・都民ファ激減」という報道に対するリバウンドが起きているという分析だった。さらに、投開票の2日前になると、佐藤は「自民党は30議席台になる」と警鐘を鳴らした。

そして、佐藤の警告通り、4年前の悪夢が蘇る結果となった。予想外の都民ファーストの健闘により、自民党は当初の予想を大きく下回る33議席しか獲得できなかったのだ。辛うじて第一党の座は確保したが、自民党にとっては大惨敗だった。政権発足後、初の国政選挙となった4月末の衆参3選挙区の補選・再選挙で「3戦全敗」を喫し、さらに衆院選の前哨戦である都議選でも敗れたことで、菅の求心力のさらなる低下は避けられない情勢となった。

4度目の緊急事態宣言

そして、この3日後、菅に追い打ちをかけるような事態が起きる。東京都内で新型コロナの感染者数が急増し、920人に達する。宣言を解除してから、わずか2週間あまりでの無情なリバウンドだった。

この日、国会に参考人として出席した尾身会長は、「夏休み、お盆、オリンピック・パラリンピックが始まる前に、効果的な対策を打つことが必要だ」と発言した。オリンピック開幕まであと16日、秘書官の1人は菅に対し、「このまま感染が増えて、大会開催日に感染者数が2千人とかになったら、『政府は無策だ』と批判されます。ここで、緊急事態宣言を出すしかありません」と進言した。この夜、菅は8月22日までの間、東京都に緊急事態宣言を発出することを決断する。これで東京五輪は、緊急事態宣言下で開催されることとなった。

野党は猛反発する。立憲民主党の枝野代表は、「国民に我慢をお願いするのに、東京大会だけ何事もないように実施するのは到底、理解できない」と述べて、五輪中止を強く求めた。

与党内からも「緊急事態宣言下のオリンピックなんて、ブラックジョークじゃないか。緊急事態宣言を出すんだったら、オリンピックをやめれば良い。これでは宣言の効果も出ないし、五輪はドッチラケだし、衆院選は大敗する」と厳しい批判が上がった。

菅は7月8日の記者会見で、「先手先手で予防的措置を講ずることとし、東京都に緊急事態宣言を、いまひとたび発出する判断をした」と語ったが、ネット上では「これだけ後手後手に回り続けているのに、どこが先手なんだ」と一斉に酷評された。国民の感覚から、完全にズレてしまった発言だった。

そして、この夜、東京オリンピックは無観客で開催されることが決定する。

電話先の菅は、意気消沈したような暗く重い声で語った。

「900人を超えてしまったら、もう分科会の専門家は宣言を出さなければ無理だった。彼らは新規感染者数しか見ていないから、絶対に押し切れない。専門家は、無観客でやれという意見だったしね」

「緊急事態なのに、オリンピックをやるのか、というのは説明できますか？」

「本当は『緊急事態宣言』という言葉も変えられないか検討したんだよ。だって、海外からはものすごく怖い状況だと思われるでしょ。でも、その海外では、毎日2万人も3万人も感染者が出ているんだから」

結局、菅がこだわり続けていた観客を入れての大会開催は、現実のものとはならなかった。スポーツ観戦で感染が広がるというエビデンスはなかったが、菅側近は「万が一、観客から1人でも感染者が出たら、政権が倒れるくらい批判されるだろう。そんな危険を冒すことはできなかった」と決断の理由を語った。政府への国民の不信感が募る中で、リスクが少しでもある判断を下すことは不可能となっていた。だから、五輪開幕1週間前、兵庫県で行われた男子サッカーU－24のテストマッチには5千人近くの観客が駆けつけながら、実際の大会になるとスタジアムが無観客になるという、悪い冗談のような事態が起きることとなった。

7月16日に発表された時事通信社の世論調査で、内閣支持率は前月から3・8ポイント下落して、29・3％となり、初めて「危険水域」とされる20％台にまで落ち込んだ。支持率3割割れは、加計学園問題で安倍政権への批判が高まっていた2017年7月以来4年ぶりのことだ。西村担当相が、政府の酒類提供停止の要請に応じない飲食店に対して「圧力」をかけるような発言に及んだことも、世論から強い反発を呼んでいた。

「解散権が失われる」

7月23日、東京五輪がついに開幕する。新国立競技場の観覧席で、天皇陛下やIOCのバッハ会長と並んで開会式を見守っていた菅の様子が、何度となくテレビ中継で映し出されたが、その表情は明らかに疲れ切っていた。天皇陛下の開会宣言の際に、菅が着席したままだったことも、ネット上などで非難された。確かに、菅にとっては、当初、五輪を楽しむような心境には到底なれない状況だった。この前日、東京の新規感染者数は1979人となり、感染は急拡大を見せていたからだ。

この3日後、ある場所に現れた菅は、開口一番、こうこぼした。

「いやあ、疲れたよ」

この日、菅は、広島への原爆投下後に降った「黒い雨」を浴びて健康被害を受けたとして住民が起こした、いわゆる「黒い雨訴訟」で上告を断念する決断を下した。厚労省は、「今回の原告が、『黒い雨』により健康被害を受けた科学的根拠は乏しい」として上告すべきとの意見だったが、菅のトップダウンの判断で、上告断念となった。

「あのままだと、裁判中に、原告で亡くなってしまう方も出てしまうからね。俺は最初から、こうしようと決めていたよ」

国民感覚を大切にする、菅らしい政治判断を久しぶりに見た気がした。

そして、東京五輪では、日本選手団のメダルラッシュが続いていた。

「総理は、オリンピックは見ているんですか？」

「柔道の阿部一二三《ひふみ》・詩《うた》兄妹は安心して見ていられたね。ソフトボールも明日勝てば、金メダルか。俺、スケボーとか視察に行ってみたいんだけど、どう思う？」

「感染対策など、見に行かれるのは良いと思います」

「そうか、じゃあ、一回行ってみようかな」

「開会式は、いかがでしたか？」

「テレビで見ているのと違って、あの席では解説がないからよく分からないんだよね。パントマイムみたいなやつとか、すごい人気だったみたいだけど、会場ではよく分からなかった。ドローンはすごかったけどね」

視察は検討されたものの、世論の批判を恐れ、結局、見送りとなった。

五輪が盛り上がる一方で、感染は深刻さの度を増していく。７月28日には、東京で３１７７人、蔓延防止等重点措置の対象だった神奈川県で１０５１人、埼玉県で８７０人、千葉県で５７７人といずれも過去最多を更新し、翌日、３県知事に緊急事態宣言の発出を要請する。国会では、分科会の尾身会長が、「この1年半で、最も厳しい状況にある」との認識を示した上で、「国民に危機感が共有されていないことが最大の危機だ」と指摘した。

このとき、多くの地域で感染者数は急増していた一方で、重症化率や重症者用の病床使用率は、緊急事態宣言のレベルにまでは達していなかった。しかし、専門家は、首都圏や大阪府への緊急事態宣言発出が必要だと主張し始めていた。菅も悩みを深めていた。

「きょうも、東京は３８６５人ですが、重症者数はそこまでは増えていないですね」

「そうなんだよ。でも、みんな新規感染者数だけに目を奪われてしまっている。今日も、大阪の松井（一郎）市長から連絡があったけど、大阪は重症者用の病床使用率が２割くらいだから、宣言は出してほしくないと言うんだよ」

「では、大阪には宣言は出さない?」

「いや、出さなければ、専門家はダメでしょう。難しいよね」

そして、国民へのメッセージを求める尾身について、不平を漏らした。

「尾身先生は、ワクチンの効果の話を全然してくれないよね。重症化防止に効果がある抗体カクテル治療についても、まったく触れない。それで『メッセージを出せ』とばかり言うんだよ。でも、もうここまで来てしまったら、収束させるにはワクチンしかないんだよ」


7月30日、政府は、首都圏の3県と大阪府に対し、緊急事態宣言を8月2日から31日まで発出し、さらに東京と沖縄への宣言を31日まで延長することを決定する。菅は記者会見で、「今回の宣言が最後となる覚悟で対策を講じる」と語った。この日の記者会見では、いつも以上に声はか細く、悲壮感を漂わせていた。

この宣言の延長について、菅の側近は失望の色を顔に浮かべた。

「総理の頭の中の〝日程〟が狂ってしまう。このままでは、解散権を失うことになる」

実は、7月の都議選以後、菅が頭の中で描いていた極秘の政治日程があった。それは、まず東京オリンピックが閉会する8月8日からパラリンピック開幕の8月24日までの間に、自民党役員人事と内閣改造に踏み切り、人事を刷新する。そして、五輪での世論の盛り上がりと新しい人事への期待感を追い風に、パラリンピックが閉会する９月５日の直後に衆議院を解散。衆院選で勝利をした上で、自民党総裁選挙で無投票再選を勝ち取る、というシナリオだった。

しかし、感染拡大が続く中で、８月中に人事を断行することは不可能となった。そして、菅はかねてから「解散よりもコロナ対策を優先する」と繰り返し公言してきたため、次に宣言を延長すれば、パラリンピック直後の解散も難しくなってしまうのだった。

総裁選をやるべきか

８月に入ると、自民党総裁選に向けた動きが出始める。前総務大臣の高市早苗は、８月10日発売の月刊「文藝春秋」に寄稿し、総裁選への出馬の意欲を示した。さらに、政調会長の下村博文も、周辺に対し総裁選に立候補する意向を伝えた。この頃、菅側近は、総裁選を総選挙後に延期できないかと模索をしていて、「いろいろ調べたが、中曽根（康弘）総理のときに総裁の任期を１年延長したことがある。だから、延期することも可能だけど、そのためには両院議員総会をやらなければいけない」などとシミュレーションをしていた。

そして、菅にとって痛いミスが重なる。8月6日、広島市で開かれた平和記念式典で、挨拶の一部を読み飛ばしてしまったのだ。冒頭から、「原爆死没者」と言うべきところを、「原発」と読み間違えるなど、言葉がおぼつかない様子だった。そして、読み飛ばしが起きたのは、演説で最も重要な箇所だった。読み上げるべき原稿は、事前に報道陣にも配られていた。

「私の総理就任から間もなく開催された国連総会の場で、『ヒロシマ、ナガサキが繰り返されてはならない。この決意を胸に、日本は非核三原則を堅持しつつ、核兵器のない世界の実現に向けて力を尽くします』と世界に発信しました。我が国は、核兵器の非人道性をどの国よりもよく理解する唯一の戦争被爆国であり、『核兵器のない世界』の実現に向けた努力を着実に積み重ねていくことが重要です。近年の国際的な安全保障環境は厳しく、核軍縮の進め方をめぐっては、各国の立場に隔たりがあります」

しかし、菅は、次のように読んでしまう。

「私の総理就任から間もなく開催された国連総会の場で、ヒロシマ、ナガサキが繰り返されてはならない。この決意を胸に、日本は非核三原則を堅持しつつ、核兵器のない、核軍縮の進め方をめぐっては、各国の立場に隔たりがあります」

まったく意味の通らない文章だった。菅は、直後の記者会見で読み飛ばしを認め、陳謝した。秘書官は「原稿を蛇腹《じゃばら》状に糊《のり》で貼り付けた際に、ページがくっついてしまった」と悔やんだ。この広島訪問は、直前に菅が「黒い雨訴訟」の上告断念を決断したこともあり、原告団との面会も準備され、本来は菅にとってはアピールの場になるはずだった。

そして、今度は8月9日、長崎市で行われた平和祈念式典に、1分間遅刻したのだ。総理の一行は、式典の会場には4分前に到着していた。駐車場に到着すると、警護官から「ここで時間調整をさせてください」と言われたため、菅は「では、トイレに行かせてください」と手洗いに向かった。しかし、警護官の想定よりトイレの場所が遠く、式典に遅れてしまったのだ。車で同乗していた秘書官は「申し訳ありません」と頭を下げたが、菅は「俺が悪いから」とかばった。そして、翌日、報道陣に対し、遅刻についても謝罪することとなった。

自民党議員からは、「ただでさえ、総理の人気が落ちているのに、この人で大丈夫なのかという空気が一気に広がっている。これは致命的なミスだ」との声が上がった。

この3日後、2週間ぶりに会った菅は、額に深い皺を寄せ、目の下は薄黒く窪んでいた。

「お疲れじゃないですか」

弱々しい笑みを浮かべた。

「疲れているよ」

「暑いし、夜も寝付けないのでは？」

「そうなんだよな」

この日、東京の新規感染者数は４９８９人に上っていた。新たな変異株、デルタ株は、これまでのウイルスとは桁違いのスピードで感染を広げていた。

「感染がなかなか落ち着きませんね」

「今はお盆で帰省前に検査をする人が多いから、来週になれば減ってくるんじゃないか。ワクチンも8月末で1回接種を終える人が6割になる。そうなると、今のアメリカ並みになるし、9月末にはイギリス並みになる。そうすれば落ち着くでしょう」

振り返ってみれば、ここからの2週間が第5波のピークだったのだが、当時は、どこまで感染が増えるのか、天井が見えない状態で、国民の不安も限界に達していた。

「それでも、欧米のようには減らないかもしれないのでは？」

「どうなるかだね。ウイルスも季節性の面もあるんだよね。だから、力ずくではどうにもならないんだよ。増えたり減ったりを繰り返していく。それでも、抗体カクテル治療もどんどん広げているからね。もう少しで落ち着くよ」

そして、唇を歪めて、憮然《ぶぜん》とする。

「世論調査で『指導力がない』と言われるけど、こんなに指導力のある総理はいないだろう。ワクチンだって、俺がやらなければ一日100万回なんてできなかった。俺は退路を断ってやったんだから。それが達成したら、みんな当たり前のことになってしまった」

この日、どうしても踏み込まなければいけない話題があった。

「総裁選は、やりますかね？」

「どうするんだろう」

「新潟県連がいかなる状況下でも、党員・党友投票を含めた総裁選を予定通りやるべき、との要望書を出していましたね」

この頃、自民党内からは総裁選を先送りしようという菅の思惑を牽制《けんせい》する動きが表面化していた。新潟県連会長の髙鳥《たかとり》修一衆院議員は記者団に「我々としては総裁選を先にしていただきたい」と述べた。そして、「長老や派閥の領袖が談合して、総裁選の流れを決めるということは党のあり方としてマイナスだ」と、暗に菅を支援する二階幹事長らを批判し、「総裁選は開かれた形で正々堂々とやるべきだ」と強調した。衆院選が目前に迫る中、内閣支持率が低迷する菅政権のままでは、自民党が惨敗しかねないという危機感が、党内に蔓延し始めていた。

「やるなら、やればいいじゃん」

菅は、こうした動きについて、投げやりに言い放った。

「俺からしてみれば、こんなコロナの大変なときに、よくやるなと思うよ」

「誰が出てきますかね。下村さんは出ますかね？」

「出ないでしょ」

「高市さんを、安倍さんが支援するということは？」

「それはないでしょう」

「あとは岸田さん」

その名前を聞くと、「ふっ」と鼻で笑った。

「緊急事態宣言中は、やはり解散は難しい？」

「俺は、コロナ最優先と言ってきたからね。でも、8月末になれば、ワクチン接種状況はアメリカ並みだから、まだ分からないよ」

質問を畳みかける。

「解散をしなくても、総裁選を延期することはできないのでしょうか？」

「それは知らない。党のことだから、そこは党で決めてもらう」

そして、深くため息をつくと、悲しげに苦笑を漏らした。

「支持率が少しでも上がったら、自民党の議員たちも文句を言わないんだろうけどね。みんな自分の選挙に響くと思っているからね」

この2日前にNNNと読売新聞が発表した世論調査で、菅内閣の支持率は35％と政権発足以来、最低となった。閉会したばかりの東京五輪については、開催されてよかったと「思う」が64％、「思わない」が28％だった。日本選手の過去最高のメダルラッシュで世論は大いに盛り上がったが、それが政権の追い風にはつながらなかったのだ。

この頃、外部には伏せられていたが、菅は官邸の執務室で、疲労回復のための点滴を打ちながら公務をこなしていた。3月末以来、130日以上休日も取らずにコロナ対策などの激務を続け、さらに睡眠不足も重なり、疲労困憊《こんぱい》は誰の目にも明らかだった。秘書官たちは「せめてお盆休みは、都内のホテルで静養してください」と懇願し、宿泊の予約を取った。しかし、前日になると、菅は予約をキャンセルしてしまう。そして、秘書官に優しく言い聞かせるように諭した。

「夜になると、宿舎にいても救急車のサイレンが聞こえてくるんだ。そうすると、もしかしたら搬送先がなくて、たらい回しになっているんじゃないかと不安で、眠れなくなってしまう。国民がそんな状況のときに、私だけホテルで休むなんてできないんだよ」

総裁選への決意

8月17日、政府は、京都や兵庫など新たに7府県に緊急事態宣言を発出し、東京など6都府県への宣言を9月12日まで延長することを決定した。菅は記者会見で、「全国の新規感染者数が先週末には2万人を超え、まさに危機的な状況にある。必要な医療を確実に受けることができる体制を構築する」と語った。

恐れていたことが現実となった。パラリンピックまでもが緊急事態宣言下で開催されることになり、パラリンピック閉幕直後の解散も困難となったのだ。


この翌日の夜、私はある保守系言論界の重鎮の自宅に招かれていた。自民党幹部や安倍前総理、菅総理とも交流の深いこの人物から、「あなたに折り入って話がある」と呼ばれたのだ。ビンテージのウイスキーを片手に、重鎮が気まずさと申し訳なさを織り交ぜた雰囲気で、切り出す。

「菅さんは、これまで多くの実績を上げてくれた。『従軍慰安婦』という表現が不適切だという閣議決定も英断だったし、憲法改正の第一歩となる改正国民投票法も成立させた。素晴らしい政治家だと思うし、安倍総理の後、緊急登板で立派に務めてくれた。しかし」

グラスの中の氷をからっと鳴らすと、眼光鋭く射竦《いすく》める。

「このままでは自民党は衆院選で惨敗する。そうなれば、菅さんはボロボロになる。だから、菅さんの花道を作らなければならないんだよ。今、自ら辞めれば、自民党は息を吹き返せる。そのことを菅さんに伝えてほしい」

重苦しい沈黙が流れる。すると、私のズボンのポケットが振動する。菅からの着信だった。

慌てて席を外す。電話越しの声は、いつも以上に穏やかで、一段と柔らかかった。

「これから総裁選の準備をしなければいけない」

「いよいよですね。岸田さんは出馬しそうな雰囲気ですね」

「出てもらって良いよ、それが正直な思いだよ。2人よりも3人でやった方がいいね」

「下村さんですか?」

「下村だって、高市だって良いよ。こんなときに総裁選をやるべきかという意見はあると思う。でも、相手候補が出ない無投票の総裁選というのは、良くないんだろうね」

そして、懐かしそうに語った。

「去年の総裁選は、楽しかったよね。でも、今年はまた違うよ。9月1日にはデジタル庁も発足する。これまでの成果をアピールできる」

「まだ10月17日の衆院選というのは、可能性として残っているのですか?」

この時点で、総裁選の日程は9月29日が有力視されていた。そうなると、10月21日までという衆院議員の任期内の衆院選は日程的に窮屈になる。

「10月の総選挙はできないでしょう。総裁選をやって、別の人が勝てば〝総総分離〟になるから。総理は俺のままだけど、臨時国会で首班指名しなければならないから。それは新しい人が総裁になった場合だけどね」

すぐには何の話をしているか理解できなかったが、総裁選で敗れれば、新しい人が首班指名されるまで総理と自民党総裁が別々に存在することになる。新しい総裁が、総理になってから解散をするのには、10月17日投開票では間に合わない、という説明だった。自分の負けを想定するなんて、あの強気な菅からは考えられなかった。

そして、結局、私は、菅に対して自ら退陣することを進言できなかった。総理として、やり残したことの大きさを知っていたからこそ、口にできなかった。帰り道のタクシーで、暗澹《あんたん》たる思いで、胸の中が重くなるのを感じた。

横浜市長選の敗北

8月22日、横浜市長選の投開票日を迎えた。菅にとって、横浜は選挙区がある地元であり、横浜市議時代に〝影の横浜市長〟と囁かれたほど、横浜市政には厳然とした影響力を持っていた。総理就任以来、選挙で連敗を喫してきた菅にとって、どうしても負けられない戦いだった。しかし、ここでも多くの誤算が重なることとなる。

現職の林文子《ふみこ》横浜市長は、これまで菅をはじめとする自民党横浜市部連合会の全面的な支援で、3選を果たしてきた。しかし、林は75歳という高齢に加え、この年に入って入退院を繰り返すなど、体調の不安を抱えていた。林は再選への意欲を燃やしていたが、自民党の規則では、政令市長選においては4選以上を目指す候補には推薦は出せないことになっていたため、自民党は林に代わる候補を模索していた。

しかし、この候補者選定が難航する。そして、自民党としての推薦候補が決められない状況の中で、国家公安委員長を務めていた小此木八郎が、立候補の意向を固めたのだ。5月下旬に小此木が菅にその意向を伝えると、菅は絶句したという。小此木の父・彦三郎の秘書時代から兄弟のように過ごしてきた小此木は盟友であり、菅が総理になってからも赤坂の議員宿舎の会議室で、小泉環境相や河野行革相ら菅に近い議員を集め、菅を支援する会合を取りまとめてきた。菅に耳の痛いことを伝えられる数少ない存在であった。

そして、小此木の出馬が混迷を招いたのは、菅の肝煎りで横浜市が進めていた、IRの横浜への誘致の反対を公約として打ち出したからだ。小此木は、自民党本部や横浜市連への根回しもないまま、立候補を決める。横浜市連の多くの議員は、IRの旗振り役を担っていたため、小此木のIR反対の方針を呑むことはできなかった。横浜市議には、菅の事務所秘書出身者が複数いたが、その議員たちですら、小此木陣営と林陣営に真っ二つに割れてしまった。自民党は結局、両者に推薦は出さず、自主投票としたが、菅は、恩師の息子であり、盟友である小此木を応援しないわけにはいかなかった。

しかし、選挙戦を直撃したのが、コロナの爆発的な感染拡大だった。そして、立憲民主党が中心となって擁立した元横浜市立大教授の山中竹春《たけはる》は、コロナ抗体研究等の専門家であり、コロナ対策の抜本的な改善を訴えた。コロナ禍を抑えられない菅や政府への不満や怒りの矛先が、すべて小此木への批判として向かった。応援に入った自民党議員は、市民からこんな言葉を浴びせられた。

「菅さんが小此木さんを応援しているなら、私は小此木さんには入れないから」

結局、小此木は18万票という大差で、山中に敗れた。菅の地元である神奈川2区でも、山中の得票が上回った。菅は、この戦いで大きく深い傷を負った。そして、この敗戦で気勢を上げたのが、誰あろう、岸田文雄だった。

第8章 最後の10日間

横浜市長選敗北の翌日、衆院選で自民の議席激減を予測する調査結果が判明。党内に動揺が走る中、岸田は「二階切り」という乾坤一擲《けんこんいってき》の勝負に出る。焦った菅は総裁選前の人事と解散を模索するが、安倍・麻生によってすでに外堀は埋められていた――。

自民党調査の衝撃

8月23日、横浜市長選で敗北した翌朝、菅は官邸エントランスでのぶら下がり取材に応じた。

「大変、残念な結果でありましたが、市民の皆さんが、市政が抱えているコロナ問題とか、さまざまな課題について御判断をされたわけでありますから。そこは謙虚に受け止めたい」

さらに、新聞記者が質問を重ねる。実は、これは菅周辺が記者に内密に依頼していた質問だった。

「先週の会見で総裁選出馬の意志を述べられましたが、横浜市長選の結果を受けて、出馬の意志は変わらないでしょうか」

菅は表情を変えず、淡々と応じる。

「このことにつきましては、今、お話ありましたように、時期が来れば、出馬させていただくのは当然だという趣旨の話をさせていただきました。その考え方に変わりありません」

あえて、ここで総裁選へ立候補する意志に変わりがないことを示すことで、党内で高まりかねなかった「勇退論」を明確に否定しようという狙いだった。

この2時間後、今度は二階幹事長が、記者会見に臨んだ。総裁選での対応が問われた。

「これまで菅総理を支持する考えを示していたが、その考えにお変わりはない？」

「もちろん変わりはありません」

「菅総理の支持に変わりないとのことだったが、二階派としても総理支持か？」

二階は憮然として、不快感を表す。

「当然のことじゃありませんか。愚問だよ」

二階派として、まだ総裁選での態度については話し合いが行われておらず、方針決定は先の予定だったが、口を滑らせた。

そして、この日、菅にとってさらなる打撃となるデータが上がってくる。自民党の衆院選情勢調査だった。自民党は、年に数回、すべての小選挙区について電話調査を行い、選挙結果の予測を行う。この目的は、時の総理の〝解散判断〟の材料とすることであるため、調査結果はもちろん、調査が行われたことも極秘で、総理と幹事長にしか総合的な結果は伝えられないのが通常だ。しかし、この調査は、今回に限ってはすべての自民党所属衆議院議員に配布されることとなった。そして議員たちが目にしたのは、4月に行われた調査よりも、目らの得票が激減するという衝撃の調査結果だった。この調査では、自民党の獲得議席数は、現在の275議席から最悪の場合は50議席以上減らすという予測となった。当選圏内にいたはずの議員たちがことごとく落選予測となり、動揺が一気に広がる。

ガネーシャの背信

この動揺は、菅の足元にも及ぶ。どこの派閥にも所属しない菅だったが、2017年秋の衆院選以降、当選4期以下の若手議員を集めた定期的な会合を開くようになっていた。もともとは、菅を慕う派閥横断の議員が「偉駄天《いだてん》の会」というグループを作っていたが、その中でも他の派閥に属さない若手の衆議院議員15人が、韋駄天の兄弟神に因《ちな》み、「ガネーシャの会」というグループを結成した。無派閥の若手に対し、官房長官だった菅が直接、政策から選挙まで、一から指導していく会だった。菅は、「俺は無派閥の苦労を知っているから、無派閥の若手の手助けをしているだけだ」と語ったが、その結束力は派閥以上で、党内では実質的な「菅派」とも見られていた。さらに、参議院にも、菅を慕う議員10人あまりがグループを作っていた。

菅は、官房長官時代には、「副大臣・政務官」人事を一手に担っていた。あるガネーシャの議員は、菅から「どこの省庁の政務官でも、好きに選んで良い」と言われたという。衆参の〝菅派〟の若手議員たちが有力な省庁の副大臣や政務官に続々と収まっているのを見た他派閥の若手は、「俺も、ガネーシャに入りたい」とうらやんだほどだった。こうした人事を活用し、グループの求心力は強化されていった。いざとなったら身体を張って菅を守る、〝菅親衛隊〟の存在が、菅の権力の源泉の一つとなっていく。

しかし、このガネーシャにも異変が起きていた。8月25日、衆議院議員会館内で久しぶりに開かれたガネーシャの会合には、とりまとめ役である坂井学《まなぶ》官房副長官らが駆けつけていた。そこで、若手議員たちが、坂井を突き上げる。

「今、このまま菅総理で選挙に突っ込んだら政権交代すると思う。40、50議席減どころではなく、自公で過半数割れします」

「地元が本当に厳しい。ビラを配っていても、受け取ってくれる人数が半減しているし、『今までは応援していたけど、菅さんがいるから嫌だ』とまで言われる。選択肢をいくら考えても、菅さんが総理を辞める以外は地獄です」

選挙区で勝ち抜くための強固な基盤を持たない議員たちの目は血走り、浮き足立っていた。選挙に敗れれば、ただの人。間近に迫った衆院選への恐怖が、議員心理を狂わせていたのだ。

菅側近は、この厳しい状況を理解しているのか。

「党内の声は相当厳しいですよ。ガネーシャですら『このままでは、戦えない』と騒いでいます」

菅側近が絶句する。

「そこまでですか……。坂井副長官は何をしているんだ」

「今回の総裁選の戦略は誰が舵を取るんですか？」

「まったくそういう議員がいないのです。本当は坂井さんにやってほしいんだけど、動いていない。進次郎さんが唯一、『固めるところは、固めた方が良い。早く手を打たなければ』と言ってきてくれている。あとは河野さん。あの2人に見放されたら、もう終わりですから。若手を押さえるために、進次郎さんに動いてもらうしかないのかもしれない」

この翌日の8月26日には、自民党の総裁選挙管理委員会の会合が開かれ、9月17日告示、29日投開票という総裁選の日程が正式に決定される予定となっていた。岸田と高市は、日程の正式決定後、早々に出馬会見を開くための準備を進めていた。選挙戦がついにスタートするのだ。

この夜、電話先の菅は、余裕すら感じさせる落ち着きぶりだった。

「明日、岸田さんが出馬会見をするようです」

「へー、すごいね」

「高市さんも、午後にぶら下がりで出馬表明するようです」

「へー、高市は推薦人が集まっているの？」

「まだだと思います」

「それなのにぶら下がりをやるんだ」

どこか他人事のような口調だった。

「麻生派は一枚岩ではなさそうですね」

「甘利さんのグループは、甘利さんを要職に就けることを条件に、岸田さんを支援しようとしているらしい」

「それでも、岸田さんでは勝てないのでは？」

「いや、分からないよ」

そして、総裁選に勝つためには、何よりも肝心なのが、この2人の動向だった。

「安倍さんと麻生さんは、総理を支持してくれそうですか？」

「そこは大丈夫でしょう」

即答だった。

岸田のサプライズ

8月26日午後3時、衆議院第一議員会館の会議室は、大勢の報道陣が駆けつけ、立錐《りっすい》の余地すらなかった。前政調会長の岸田文雄は、無数のフラッシュを浴びながら演台の前に立つと、マスクを外し、口を真一文字に結ぶ。そして、原稿を見ることもなく、顔を上げ、胸を張った。

「衆議院議員の岸田文雄でございます。このたびの自由民主党総裁選挙に立候補いたしますことを決意いたしました。昨年来のコロナとの闘いに、菅総理の強いリーダーシップのもと、全身全霊を傾けて努力を続けてきました。まず、菅総理、日夜、コロナ対策に尽力を続けてこられたことに、心から敬意を表し申し上げます。

しかし結果として、今、国民の間には、政治が自分たちの声、現場の声にこたえてくれない。政治に自分たちの悩み、苦しみが届いていない。さらには政治が信頼できない。

政治に期待しても仕方がない。こうした切実な声が満ちあふれています。国民政党であったはずの自民党に声が届いていないと、国民が感じている。信なくば立たず。政治の根幹である国民の信頼が崩れている。我が国の民主主義が危機に瀕している。私は自民党が、国民の声を聞き、そして幅広い選択肢を示すことができる政党であることを示し、もって我が国の民主主義を守るために自民党総裁選挙に立候補いたします」

私は、会場の後方でこの演説を見つめていたが、岸田の声からは強い意志に裏打ちされた響きを感じた。「菅に敬意を表する」と切り出しながら、国民の信頼を失った菅に対する根源的な批判を展開した。岸田は変わった、それが私の印象だった。

そして、最大のサプライズを披露する。

「自民党が多様性、そして包容力を持つ国民政党であり続けられるように、党の役員に中堅、若手を大胆に登用し、そして自民党を若返らせます。また、自民党が新陳代謝を続けていける組織であるよう、比例73歳定年制については堅持をいたします。また政治とカネの問題については、国民の皆さんに丁寧に説明し、そして、透明性を高めてまいります。こうした刷新を進めていくために、私は自民党の党役員の任期を明確化するべきだと思っています。総裁を除く党役員につきましては、1期1年連続3期までとすることによって、権力の集中と、そして惰性を防いでいきたいと思います」

私は思わず、息を呑んだ。これは、5年以上にわたり幹事長を務めてきた二階を切るとの宣言だった。岸田にとって、乾坤一擲の一撃だった。1年前の総裁選の演説では、「えー、あー」を連発し、自信のなさを露呈していた岸田だったが、その言動は力強く、一変していた。この1年間、周到な準備を積んできたことは明らかだった。

そして、この〝二階切り〟の一手は、二階への不満が渦巻いていた自民党内からだけでなく、世論からも熱烈に支持される。そして、かねてから二階と緊張関係にあった安倍・麻生に対する強烈なメッセージともなり、菅の支持基盤にくさびを打つ形ともなった。

麻生派は緊急で幹部会合を開いたが、「菅総理のままでは厳しい」という意見が相次いだ。

領袖である二階が早々に派閥としての菅支持を決めた二階派でも、「菅支持を強制するのはやめてくれ」との複数の声が上がった。鉄の結束を誇ってきた二階派ですら、派閥の縛りが利かなくなっていた。

焦燥と孤独

岸田の起死回生の策に、菅は慌てふためいた。翌朝、側近に「来週早々に出馬会見を開く」と指示を飛ばす。

27日午後、菅側近から電話が入る。

「このままでは岸田に勝てない。攻めないと勝てないと思う。総裁選前に、役員人事と内閣改造をやるのはどう思いますか？」

驚きで、思わず胸が高鳴る。総裁選までわずか1カ月なのに、人事をやるのか。

「下村（博文政調会長）さんが立候補するから、それに合わせて人事をやります」

「下村さんだけを替えるのですか？」

「いや、全部替えます」

「二階さんを切るということ？」

「そう、二階さんも麻生さんも外します」

「だけど、総裁選を争う岸田派を入れることはできませんよね？」

「そうなんですよね。だから、人事を道具にしているという批判はありますよね」

「普通に考えれば、総裁選の終了後に挙党一致体制を作るために、岸田さんも高市さんも要職に登用する人事をやりますよね？」

「でも、それをやっている余裕がない」

すでに、強い焦燥感に駆り立てられていた。

「出馬会見で『総裁選後に、人事を刷新する』と宣言すれば十分ではないですか？」

「うーん」

「人事は、外された人の恨みや嫉妬を招いてしまいます。そして、万が一、役職を打診して、固辞されたら、政権の求心力は一気に低下するリスクもあります。私利私欲で人事をやっていると批判を浴びかねない」

「劇薬すぎるのは分かっていますが、そうでなければ勝てない。幹事長に、河野さんや、萩生田さん、小渕優子さんでも良いかもしれない」

「二階さんは納得しないのでは？」

「いや、意外とそうでもないというメッセージも、こっちには来ています」

　このとき、菅は、実際に総裁選前に行う人事構想を練り始めていた。側近に対し「思い切ってやった方が良いな」と語り、派閥別に並んだ全国会議員の一覧を取り寄せていた。そこでは、当選３回の若手女性議員の大臣への抜擢などが、具体的に浮上していた。

　28日、菅の様子をうかがうために電話をかけてみる。コロナはようやく感染者数が減少し始めていた。

「東京の感染者数は、かなり減りましたね」

「うん、先週より１５００人は減ったね」

　しかし、言葉が続かない。明らかに意気消沈していて、話す気力もないという雰囲気だった。

　側近にすぐに連絡する。

「総理は、大丈夫ですか？」

「結構、落ち込んでいます。毎日新聞の調査も下がってしまった」

この日、発表された毎日新聞の世論調査では、内閣支持率は前月から4ポイント下がり、26％となっていた。そして、政府のコロナ対策については、「評価する」と答えた人は5ポイント減少して14％となり、「評価しない」の70％を大幅に下回っていた。

「総理は人事をやる気はあるのですか？」

「ありますよ。でも、波があるのです。その日その日で、方針が変わってしまう」

この頃、最大派閥の細田派が〝菅支持〟ではなく、自主投票になるという風聞も流れていた。

「細田派は自主投票になるという話もありますが？」

「最悪です」

細田派に強い影響力がある安倍が、菅支持をまとめるために動いている形跡がなかった。

「安倍さんは、もっと動いてくれないのですか？」

「そうなんですけど」

怒りで声が震えていた。

「総理は、いま、相当、押し潰されてしまっています。安倍・麻生・甘利の行動にショックを受けている。結局、総理を支持しているように見せかけて、岸田さんにやらせているのは、その3人じゃないですか。こっちを応援してくれていない」

安倍だけではない、麻生も派閥を菅支持でまとめようとはしていなかった。甘利は早々に、岸田支持を鮮明にした。

「総理にとって誤算となってしまった？」

「誤算というよりも、悲しみです。安倍さんの側近である今井さんが、岸田さんの陣営に出入りしているんですよ。そういう状況に、悲しみ、押し潰されてしまっている」

菅と知り合って6年以上となるが、こんなことは初めてだった。森友・加計、そして桜を見る会。菅が、これまで身体を張って必死で守ってきた人たちは、自分を守ってくれなかった。裏切られたという衝撃が菅を苦しめ、孤独の底へと突き落としていた。

反転攻勢

追い込まれ、気力すら失われたかに見えた菅だったが、一つのきっかけで息を吹き返す。それが、29日に発表された日経新聞の世論調査だった。内閣支持率は横ばいで34％と低迷を続けていたが、菅の目を引いたのは「次の自民党総裁にふさわしい人」という項目だった。河野行革相が16％でトップで、僅差で石破茂元幹事長が続き、岸田は13％の3位、菅は11％で4位だった。ところが、これを自民党支持層だけに限ると、順位は大きく変動する。菅が20％とトップになり、河野、岸田、石破と続いた。菅は周辺に対し、「岸田さんは出馬表明して、今がピークだけど、俺の方が上回った」と語り、喜びを隠し切れない様子だった。

そして、翌30日、菅がついに動き出す。午前10時、官邸のエントランスに現れたのは下村政調会長だった。下村は記者たちに「総理に呼ばれたので」と首を傾げながら、総理執務室に向かった。総理を支える党役員でありながら、総裁選への出馬の意欲を明言していた下村に対し、菅は怒りを押し殺しながら、静かに迫った。

「総裁選に立候補するのであれば、経済対策を指示することはできません。政調会長を続けて経済対策をやるか、政調会長を辞めるか、決めてください」

菅としては、下村が退路を断って総裁選への準備を進めていたのを知っていたから、ここで政調会長の辞任を申し出ると思っていた。そうすれば、役員の１人に欠員が出ることになるので、これを契機に党役員人事と内閣改造に着手しようという目論見だった。

しかし、下村はあっさり出馬断念を決めてしまう。

「では、政調会長を続けさせていただきます」

菅にとっては誤算となったが、もう後戻りはできなかった。午後、今度は官邸に二階幹事長を呼び込む。そこで幹事長の交代を含む、党役員人事を行う意向を伝えたのだ。

二階は、あっさりとそれを受け入れる。

「どうぞ、私に遠慮せずに、人事をやってください」

この夜、２週間ぶりに会った菅は意気揚々としていた。

「下村さんには、驚きましたが？」

「政調会長なのに、総裁選に出るなんておかしいだろう。俺はそんなに甘くないよ」

そして、話題は二階の人事に及んだ。まだ、この時点では菅が二階の交代を決めたことについては、表に出ていなかった。

「二階さんを替えるのは、簡単ではないですよね？」

「二階さんというのは、なかなか大人だよ。分かっているよ。それが分からない人は、ここまで上り詰めて来られないよ」

「確かにそうですね。岸田さんが総裁選で勝ったら、二階さんは無役になってしまいますからね」

「岸田が勝つことは、ねえだろ！」

菅が高揚していたのは、〝二階切り〟を先に自分がやることで、岸田の目玉公約を潰すという戦略がうまくいったからだった。菅にとっては、後ろ盾となってきた二階本人の同意を取り付けられるかが最大の難関であり、それを乗り越えることができたことで、安堵《あんど》の胸をなで下ろしていた。

この日、総裁選への出馬が取り沙汰されていた石破元幹事長は、記者会見で、「なぜ党役員だけ1期1年で3期までなのか基準がよく分からない」などと岸田への批判を滲ませた一方で、菅については「誰がやっても難しい時期だった。全身全霊でやってこれたということは、立派なことだったと思っております」と擁護した。

菅と石破の連携の可能性はあるのか。

「石破さんは、総理にシンパシーを持っているのではないですか？」

「そうだね」

「岸田さんの二階切りの背景には、麻生さんからの指示があったのでしょうか？」

「そうでしょう。安倍・麻生と石破の対立という構図もあるんだろうね」

「総理としては、石破さんを取り込む考えはあるのでしょうか？」

「私は、ずっと昔から石破さんとは関係が悪くないからね」

菅はこの日、自身の選対本部となるホテルの部屋の下見をするなど、意欲的に動いていた。

そして、この夜、「菅総理が来週にも自民党役員人事と内閣改造を行って、二階幹事長を交代させる方針」というニュースが一斉に流れる。翌日のテレビ各局のワイドショーでは、コメンテーターたちが「幹事長は安倍前首相に近い萩生田文科相か河野行革相の可能性が高い」、「官房長官は小泉進次郎か」、「石破氏も要職で起用へ」などと予想を披瀝《ひれき》し、オールスター人事への期待感が一気に高まり出す。これは菅の狙い通りだった。

「岸田さんの話題が、テレビから吹き飛びましたね？」

菅側近も興奮で、言葉に熱がこもる。

「うまくいきました。二階さん自身が『もう交代した方が良い』と考えているという情報があったから、総理も動けました」

「来週月曜日に組閣ですか？」

「そうですね」

「人事を固辞されるリスクは、もう、ないのでしょうか？」

「そこは総理も気にしている。だから、そこはきちんと見極めないといけない」

「幹事長は誰にするのですか？」

「若くて勢いがある人にしたいですね」

「萩生田さんが有力でしょうか？」

「そうですね、そうすれば安倍さんも細田派も収まる」

「官房長官には河野さん？」

「それなら、ワクチンを投げ出したという批判はないですね。官房長官としても、コロナ対策に取り組めますから」

人事の選択肢はいくらでもある、声が弾んでいた。ようやく再選に向けて、明るい光が差し込もうとしていた。しかし、この夜、青天の霹靂《へきれき》の事態が、すべての希望を打ち砕く。

〝解散報道〟の誤算

8月31日夜10時半前、毎日新聞が一本の記事をオンラインで掲載する。

「菅総理は9月中旬に衆院解散の意向」

この報道に、自民党内はパニックに陥る。ある若手議員は「これでは無理心中解散だ」と叫び、別の議員は「総理は頭がおかしくなったのか。今すぐ、引きずり下ろさなければいけない」と憤怒に燃えた。この報道が正しければ、菅は総裁選から逃げ出し、解散に突っ込もうとしているということだ。しかし、この前日、菅は総裁選への強い自信を見せていたばかりではなかったか。

どんな心変わりがあったのか。菅に電話をかけるが、すぐに留守番電話に切り替わってしまう。

菅側近は、あまりの動揺で、狼狽《うろた》えていた。

「これはどういうことですか？」

「うちを潰したいんでしょう」

「解散という選択肢はある？」

「もちろん、ゼロではないです。来週、人事をやって、どういう動きになるか見てから判断するという、あくまで選択肢の一つです」

「総理は、総裁選をやりたくないのか？」

私の口調も、キツくなってしまう。

「やらないで済むなら、という思いはあるんじゃないでしょうか」

「選択肢とはいえ、なぜ、こんなことが漏れてしまうんですか？」

「こんなものなのですね」

一体、何が起きていたのか。

菅は、この日の朝から、二階幹事長や加藤官房長官ら限られた人に対し、「9月中旬の解散を検討する」と伝えていた。9月6日に行う予定の人事で、党内の状況が落ち着き、さらに世論の追い風が吹けば、その翌週に解散を打つというシナリオだった。コロナの感染者数が減少を続けていたことも、背中を押していた。もちろん、菅にとっては極秘の想定であり、信頼する人間にだけ、これを伝えた。

しかし、異変はすぐに起きる。正午から国会内で行われた自民党と公明党の幹部会合、通称〝2幹2国〟（両党の幹事長と国対委員長の4人に自民党の林幹事長代理が加わっていた）で、二階は「この5人で会議をやるのは今日で最後だ。総理は、衆議院については、総裁選を後回しにして、来週、解散する意向だ」と伝えたのだ。連立を組む公明党とはいえ、菅は、この段階で〝解散案〟を伝えることは想定していなかった。しかも、二階の言葉は断定調だった。二階に近い議員は、菅による〝二階外し〟の人事について「幹事長は『恩知らず』と怒っていた」と証言した。人事への不満が、こうした言動に走らせたのか。

そして、菅が〝解散案〟を直接伝えた別の政府高官は、この日のうちに近しい自民党幹部に対し、「総理が解散をしようとしている」と漏らしてしまった。こうなると伝言ゲームだ。様々なルートから、〝解散シナリオ〟が染み出すように、広がっていく。そして、その情報が毎日新聞にも伝わることとなった。

党内からは「菅が総裁選から逃げるのを許すわけにはいかない」という猛烈な反発が沸き起こっていた。

翌9月1日朝、官邸に姿を見せた菅は、報道陣の前で火消しに追われた。ぶら下がり取材に応じた菅は、いつもより早口で、表情は明らかにこわばっていた。

「これまでも、衆議院の解散総選挙については皆さんからたびたび御質問がありました。その際に、最優先は新型コロナ対策だと、こうしたことを、私は申し上げております。今回もまったく同じであります。今のような厳しい状況では、解散ができる状況ではないとこのように考えております」

　記者が質問を重ねる。

「今は解散しないということでいいか」

「はい、今の状況じゃ、できないということです」

「任期満了までやり続けるってことでいいんですね」

「解散についてはそこは、もう今申し上げましたけども、解散をするような、今は、まず新型コロナ対策最優先ですから。そういうことを考えたとき、そんな状況にはないということを、明快に申し上げております」

「任期満了までに解散の選択肢はあるのか」

「総裁選挙をやるわけでありますから。総裁選挙の先送りも考えてませんし、そういう中で日程というのは決まってくるだろうというふうに思います」

　総理大臣が伝家の宝刀であり、最大の権力の源泉でもある「解散権」を自ら封じるという、前代未聞の事態だった。

封じられた人事権

　しかし、これだけでは収まらなかった。最大派閥の細田派の幹部会合では「総裁選前に、人事をやるのはおかしい」との異論が相次いだ。党内からは「こんな総理の人事を受ける議員がいるのか」との声も広がっていた。こうした党内の反発の広がりとともに、菅の人事の構想は、縮小していく。このままでは、人事を打診しても、断られる事態が起きかねなかった。

さらに、菅にとってもう一つ大きな誤算が、小泉進次郎の動向だった。この頃、小泉は連日官邸に通い、総理と一対一の会談を重ねていた。小泉は、いち早く菅の再選支持を表明し、菅の最側近議員とも言える存在となっていた。そして、世論の人気が高い小泉は、菅が考える人事の切り札であり、目玉でもあった。菅と会談を重ねる小泉は、再選に向けたどんな戦略を進言しているのか、周囲は注目をしていた。

しかし、菅の側近は肩を落とし、かぶりを振った。

「小泉さんは、総理に総裁選への立候補を取りやめるように説得しているのです。応援してもらえると思ったのに、反対に止められてしまいました。当てが外れてしまいました」

最も頼りにする小泉から出馬を見送るように説得されたことは、菅にとってもショックだった。当然、退陣を勧める小泉に、幹事長や官房長官人事を打診することなどできなかった。

また、菅が目をかけ続けていた河野太郎も、出演したテレビなどで「菅総理の再選を支持するか」と再三問われながら、「まず、私はワクチンをやっているから、自分の仕事をやりたい」と繰り返し述べ、菅の再選を支持するとは最後まで明言しなかった。

菅は周辺に対し、「人事は小さくやろう」と力なく指示した。

この日、菅は近しい自民党幹部に対し、「俺は人気がないんだよな。これだけ仕事をしているのに、なんで分かってくれないのか」と嘆いたという。解散権だけでなく、人事権まで失った菅は、絶体絶命の窮地に追い詰められていた。

決断

9月2日朝、菅は官邸の総理執務室に信頼する側近を呼び入れる。そして、そこで「総裁選には出馬しない」と告げた。この側近は慌てて、「それは違いますよ、総理」と猛反対する。1時間以上、説得を繰り返して、ようやく菅は「やっぱりやるか」と翻意する。そして、「週末は勉強会をやる」などと気合いを入れ直す。しかし、しばらくすると、小泉がまた執務室に入り、出馬見送りを決断するように再度説得を始めた。

側近が執務室から出てきた小泉を呼び止める。

「小泉さん、さすがにひどくないですか。私は岸田さんよりも、総理の方が、仕事ができると確信しています。しかも、総裁選をやれば勝てると思っています」

しかし、小泉は、やれやれ、という雰囲気で、力なく笑った。

「それは玉砕《ぎょくさい》戦法ですよ。客観情勢を見ても、勝てませんから」

この日の午後3時54分、菅は自民党本部4階に入り、二階幹事長と会談する。その直後、複数の自民党議員から私の携帯に電話が入る。まったく同じ用件だった。

「総理が辞任するという情報が入ったけど、本当か」

1年前の8月28日、辞任の意向を固めた安倍も、午後になって急遽、自民党本部に入り、二階と面会し、辞意を伝えた。嫌な予感が背筋を冷たく流れ落ちる。

私は、4階のエレベーター前で菅の姿を見送ると、非常階段に駆け込む。そして、菅が車に乗り込んだ頃合いを見計らって、携帯を鳴らす。すぐに出た。

「総理、辞めませんよね？」

その声は、予想外に明るかった。

「辞めないよ。誰がそんなことを言ってるんだ。ひどいなあ」

しかし、その明るさは空元気でしかなかったのだろう。

翌9月3日朝、菅は、執務室に複数の側近を呼ぶと、静かに告げた。

「今日の役員会で、こう発言する。『コロナ対応と総裁選の両立は難しいと判断したので、人事は取り下げるし、私は総裁選には出ない。役員は最後まで頑張ってください』と」

側近の1人が、再度、説得する。

「総理、そんなことを言ったら、引き返せませんよ。昨日は、やると言ったではないですか」

「もう、気力が出ないんだ。やるぞ、という気にならない」

静まりかえった執務室に、側近たちの嗚咽《おえつ》と、むせび泣きが響き渡った。もう、これ以上、説得することはできなかった。

そこに、加藤官房長官も呼び込まれる。

「ああ、決められたのですか」

側近たちとは対照的な、淡々とした言葉だった。そして、執務室を出る際に、独り言を口にした。

「あ、そうだ。総理が役員会で発言する前に、私の記者会見を終わらせた方が良いな」


菅は、この直後に自民党本部に向かい、臨時役員会に出席する。本来は、ここで週明けに行う役員人事について、「総裁一任」を取り付けるはずだった。しかし、ここで、総裁選には出馬しないことを正式に伝えたのだ。居並ぶ党役員たちは、予想もしていなかった菅の言葉に、呆然とするばかりだった。

この夜、電話をかけると、菅は穏やかな様子で、力が抜け切っていた。

「この選択は、仕方がなかったのですか？」

「もう、戦う気力がなくなってしまった」

「なぜですか？」

「身体のエネルギーを使うからね。コロナ対応をやりながら、現職の総理が選挙を戦うのは難しかった。1人ではどうにもならなかった。派閥もなかったしね。そして、このまま突っ込んでいったら、党内が恥ずかしいことになっていた」

「どういうことですか？」

「人事を一任しないとか、そういう動きがあったんだよ」

「でも、総務会は会長の佐藤勉さんがいるから、一任は取れたのではないですか？」

「いや、そのベンちゃんが『難しい』って言ってきたんだよ。このままだと、自民党がズタズタになってしまっていたよ」

一部の議員らが、総務会で菅の人事を阻止する動きを見せていたという。それをはね除《の》ける気力は、もう残っていなかった。

「仕事をしたいから総理大臣になった」と目を輝かせて語ったあの日から、わずか1年。菅は退陣に追い込まれた。最後まで、誰にも相談することなく、自らの感情を胸の奥底に押しとどめたまま下した、孤独な決断だった。裸一貫で権力闘争の世界に飛び込み、戦い続けてきた男が、ついに力尽きたのだ。

終わりに

歴史に「たられば」は禁物だが、私は想像しないではいられない。

もし、新型コロナの感染者数の急減が、あと1週間早く起きていたらどうなったか。

もし、あのとき、安倍が持病の再発で緊急降板せず、菅が安倍と袂を分かって、官房長官を辞めていたらどうなったか。

もし、あのとき、菅が提案を聞き入れ、スピーチのトレーニングを受けていたらどうなったか。

皮肉なことに、菅が不出馬を表明して以降、全国で感染者数は減少の一途をたどり、9月30日、東京などに出されていた緊急事態宣言はようやく解除された。その要因については、科学的な分析を待たなければならないが、菅が推し進めてきたワクチン接種の効果がようやく現れたことは、否定できない事実であろう。菅は、寂しそうに、「やってきたことは正しかったんだよね」と呟いた。

無派閥でありながら、自民党内のほぼすべての派閥を味方につけ、総理の座を手中にした1年後、菅を引きずり下ろしたのも、自民党だった。横浜市議に初当選した際、「自民党の一番悪いところを見た」と語った菅。そして、身体を張って政権を守る自分を、隙あらば攻撃しようという自民党は「一番怖い」存在だった。投票用紙に「菅」と名前を書き、総理にまで押し上げた議員たちが、わずか1年後に「選挙の顔にならない」というその場しのぎの理由で、雪崩を打って〝菅おろし〟に走った。結局、菅は自民党に利用されるだけ利用され、賞味期限が過ぎたら、使い捨てにされたのか。

総理の座を守り続けるには、菅はあまりに孤独だった。側近閣僚に、いとも簡単に機密情報を漏らしてしまった。もし、安倍から「解散を考えている」と菅官房長官が打ち明けられたら、すぐにその情報を他に漏らすことなどあっただろうか。そして、官房長官として身体を張って守り続けてきた安倍や麻生は、決して全力で菅を支えようとはしなかった。菅の不出馬表明の後に、高市早苗への徹底的な支援を行う安倍の姿を見た菅側近は、「なぜ、この応援を総理にはやってくれなかったのか」と肩を落とした。冷静沈着で、感情の波を表に出すことが少ない百戦錬磨の策士が、あの最後の10日間で、あそこまで狼狽し、信じられないような悪手を打ち続けたのも、まわりに菅を守る人がいなかったからだろう。

一方で、菅自身にも、こうした状況を招いた責任があった。菅を慕う議員や官僚は多くいたが、菅は総理になってからも、誰にも本心を見せず、腹を割ることがなかった。側近ですら、「菅さんが何を考えているのか分からない」と嘆いた。すべてを自分で決め、自分で判断する。どんな小さなことも、決して他人には任せない。自分の腕一本でのし上がってきたからこその菅の流儀が、結果として、まわりから人を遠ざけていった。菅が相手に全幅の信頼を置かなければ、相手は菅を命を懸けて守ろうとはしない。あのコロナ禍の混乱の前までは、安倍総理は官房長官の菅に全幅の信頼を置いていた。安倍の考えは、すべて菅に伝わっていた。そこに強い信頼関係があったからこそ、菅は官房長官として、すべてを懸けて、安倍を守ることができたのだ。菅は、そうしたまわりとの信頼関係を構築することがなかった。

菅は、出馬断念を決めた6日後の記者会見で、自らの総理としての任期を振り返り、悔しさを滲ませた。

「全てをやり切るには1年はあまりにも短い時間だった」

もっと手をつけなければならない課題はあった。そして、改革を実行できるのは、岸田でも河野でもない、自分だけだという強い自負もあった。

菅は、総裁選の告示日となった9月17日、「国難の中で大きな成果を上げてくれた。

コロナ対策は継続が極めて大事だ。そうしたことを考えて、河野さんを支持する」と表明した。この表明について、一部の側近は「現職総理がやるべきではない」と反対したし、菅も当初は、「自分は総裁選とは一線を引いて関わらない」と話していた。しかし、この日の朝、菅は秘書官たちにこう告げた。

「私は、ワクチンなど、これまでのコロナ対策でやってきたすべての実績を河野に譲る。すべては、河野の成果にすればいい」

河野を支持することで、総理の座への未練を断ち切ろうとしていたのだろう。

私は、菅に問い質した。

「不慣れな河野さんが総理になれば、この国は大変なことになるのではないですか？」

すると、菅は物悲しげに微笑んだ。

「大変だよ。でも、世論がそれを求めているんだから、仕方ないじゃない」

しかし、菅の思惑は、ここでも大きく外れる。菅は自らが退陣すれば、国民人気が圧倒的に高い河野が総裁候補として立ち、それによって岸田総理誕生は阻止できると踏んでいた。しかし、総裁選は、高市前総務大臣と野田聖子幹事長代行も立候補する乱戦となった。そして、9月29日に行われた総裁選に勝利したのは、皮肉にも、菅が「総理にしてはいけない」と言い続けてきた、岸田文雄だった。

菅が支持した河野は、当初は、小泉・石破という人気議員に加え、派閥横断の若手が応援団に回り、優勢に戦いを進めているかに見えた。しかし、河野が所属する麻生派の領袖である麻生は、世代交代を恐れたのか、河野を全面的に応援することはなく、岸田支持と両天秤をかけ続けた。同じ麻生派の甘利は、河野について「菅総理が叩かれた一番の原因がワクチンの迷走と言われているのに、ワクチン担当大臣の評価が上がるとは、よく分からない」と手厳しく批判した上で、岸田陣営に加わり、選対顧問を務めた。そして、最終盤では、安倍晋三率いる高市陣営による強烈な引きはがし工作によって、次々に河野のもとから議員が去って行った。120票は取れるとみられていた河野の議員票は、結局、86票と3位に沈んだ。それでも、河野は世論の高い人気を背景に党員票では圧勝した。しかし、菅の退陣表明で自民党の支持率が回復したことに安心した各議員や各派閥は、選挙戦の最終盤になって国民の声に背を向け、我先に勝ち馬に乗ろうと雪崩を打った。結局、岸田を総理に押し上げたのは、安倍・麻生・甘利の3人だったのだ。岸田政権において、麻生は副総裁の座につき、甘利は幹事長ポストを手にした。そして、安倍は、衆院議長に就任した細田博之の後を継ぎ、最大派閥・安倍派会長となり、キングメーカーとしての地位を確固たるものにした。

菅は、落胆の色を隠せないでいた。

「派閥の論理とか、重鎮の意向に従うとか、散々、批判されてきた自民党に戻ってしまった。なぜ、国民の声を聞かないのか。こんなことでは、必ずしっぺ返しに遭ってしまう」

何のために、自分は身を引いたのか。支持率が低迷し、このままでは衆院選に勝てないから、自分を引きずり下ろそうとしたのではないのか。だったらなぜ、民意を尊重しないのか。やり切れない虚しさが菅を捉えていた。

菅が心配した通り、岸田政権の船出は厳しいものとなる。幹事長に起用された甘利は、過去の「政治とカネ」の問題が蒸し返され、メディアや野党の集中砲火を浴びる。岸田が総裁選で打ち出した高所得者に応能の負担を求める「金融所得課税の強化」は、株価の続落を受けて、先送りの表明を迫られ、「早くもぶれた」との批判を招いた。10月31日に投開票が行われた衆院選で、自民党は15議席減にとどめることには成功したものの、甘利は現職幹事長としては初めて小選挙区で敗北し、就任からわずか1カ月で幹事長を辞任した。

こうした中でも、岸田は、菅との違いを鮮明にすることにはこだわりをみせている。初めての所信表明演説では、「改革」という言葉を一度も使わず、演説で16回も「改革」を繰り返した菅とは対照的だった。また、選挙戦では、各所で国民の声を書き溜めたという「岸田ノート」を手に、〝聞く力〟をアピールした。そして、「新自由主義からの転換」を唱え、有権者に聞き心地の良い「分配政策」を訴えた。

多くの国民が、その誠実な姿勢に安倍・菅路線からの転換を期待していることは間違いない。一方で、国民は、問題を先送りにする政治の復活を望んでいるわけではない。この選挙で、「改革」を前面に押し出した日本維新の会は、議席を3倍以上に伸ばす大躍進を遂げた。

菅が岸田に対して抱いた「改革ができない」、「官僚の言いなりになるのでは」という懸念を、いかに払拭できるか、今後、国民は冷静に見極めることになるだろう。

では、菅政権とは一体何だったのか。安倍政権の継承を掲げながら、実は安倍路線との決別を目指し、この国の真の課題に結論を出そうと藻掻《もが》いた1年だったのかもしれない。総裁選では、岸田を含む4人の候補すべてが「2050年カーボンニュートラル宣言」を所与《しょよ》のものとして、当たり前のことのように持論を展開した。しかし、彼らにゼロをイチに変える覚悟はあっただろうか。彼らが、菅の立場にあったら、あらゆる抵抗を押しのけて意志を貫くことはできただろうか。

もちろん、カーボンニュートラルに向けた具体的な道筋はこれからであり、この先の道のりの方が厳しく険しい。しかし、だからといって、これまで誰もが手をつけられなかった懸案に果断に切り込んだ菅の実績を、過小評価することはできないだろう。

　安倍・菅政権が生んだのは政治への不信でもあった。右肩上がりの成長がもはや望めない閉塞した社会において、政界だけは浮き世離れし、自己保身のためだけに突き動かされている政治家の本性は国民に見透かされていた。そして、政治不信を生んだ責任の一端は、私たちメディアにもある。特にネット社会は、破壊的な人間の本性をむき出しにさせ、人々は攻撃対象を定めては、焼け野原になるまで徹底的に糾弾の手を緩めない。他のメディアも、その空気に流され、ネットによって増幅された世論の衝動に合わせて、画一的な報道を集中させた。菅も、その餌食になった。私自身もメディアの一員として、菅政権の功罪を冷静に見極め、この国難において総理大臣を替えることの意味を、どれだけ客観的に国民に伝えることができたのか、今でも自問自答を繰り返している。もはや総理の交代だけで、この国の未来に明るい展望が開けるわけではないことを分かっていながら、そうした本質を十分に伝えることはできなかったのかもしれない。そして、新たな犠牲者は、絶え間なく選び出される。このままでは、総理大臣が猫の目のように替わる時代に逆戻りしてしまう。だからこそ、これからの政治家には、時に衝動的な世論に忍耐強く真摯に向き合う姿勢と、集中的な批判に流されない強い覚悟という、二律背反する能力が求められることになる。この国にそのようなリーダーが生まれることを切望してやまないのは、私だけでなく、すべての国民の共通した思いだろう。

私は菅の政治家としての使命がこれで終わったとは思っていない。このまま衰退への道を転がり落ちるのか、それとも、もう一度、輝きを取り戻せるのか。その分岐点に立つこの国が、〝捨て身の政治家〟である菅の改革力を必要とする場面が必ず来るのではないかと考えている。私は、これからもその闘いを取材し、伝え続けていくだろう。
この本で描いた菅義偉という、最後の〝たたき上げ〟の政治家の生き様は、これからの難しい時代の国の舵取りを担う新たなリーダーたちにとって、大切な〝手がかり〟となるはずだ。それこそが、菅があの日、私に託した願いだったのだと、信じている。

2021年11月

柳沢高志

菅と安倍、岸田と石破――その後の官邸

なぜ、岸田政権は3年続いたのか

あれから3年半、永田町の権力構造は大きく変化した。わずか1年で総理の座を追われた菅義偉にとって、その後の展開も想定外の連続だったはずだ。一つは、岸田政権の〝長期化〟だ。安倍政権時代から、菅は「岸田は総理にふさわしくない」と繰り返し語っており、岸田への強いライバル心こそが、〝影の存在〟だった菅の野心をかき立て、総理を目指す原動力となった。しかし、菅の予想に反し、岸田の首相在任期間は100日を超え、戦後歴代8位の長さとなった。菅は、岸田の何を見誤ったのか。

「あなたの本は、ボロボロになるまで繰り返し読みましたよ。菅政権がなぜ失敗したのか、我々も十分、研究してきましたから」

岸田政権の発足から半年ほど経ったころ、私の目をじっと見つめ、こう語ったのは、岸田側近の官邸幹部だった。この言葉通り、岸田政権は菅の予想を上回るしたたかさを見せた。その片鱗が現れたのは、政権発足直後に迫られたコロナ対応だった。

菅政権で急速に進めたワクチン接種が奏功したこともあって、岸田政権発足後の数カ月は、コロナ感染の勢いは抑えられていたが、年末年始にかけてオミクロン株が猛威を振るい出す。22年1月7日、岸田は広島県、山口県、沖縄県の各知事からの要請を受け、まん延防止等重点措置を適用することを発表した。この時点で、医療のひっ迫度合いなどは専門家が設定した、対策を強化すべき「レベル3」にはなっていなかったが、岸田は「知事の要請を踏まえた」と述べ、決断を下した。

その後も、岸田政権は一度たりとも知事たちの要請を拒絶することはなかった。こうした方針について、政権幹部は「知事とケンカしても得るものがない。それは菅さんの失敗から学んだ」と背景を明かした。

安倍政権時代から官邸でコロナ対策に関わってきた関係者は、こう指摘した。

「菅さんは、必要以上に行動制限をかけることや、本当は困っていない飲食店や事業者にまで安易に国民の財産である税金を配るのを強く嫌がっていた。それは、菅さんの信念であり、筋論だった。でも、岸田さんは主義主張があるわけではないからね。『自治体がやりたいならどうぞ』という感じだった」

政権に強い意志やこだわりがないことで、コロナ対応の責任を官邸以外に分散することを可能にし、結果的に不満や不安が首相個人へと向かうのを避けることができた。世論を過剰なほどに気にして、世論の反発が大きいとみるや、すぐに軌道修正を図るのも、この政権の特徴だった。一方で、こうした対応では岸田のリーダーシップは見えづらく、決断力が欠如しているとの〝検討使批判〟にもつながっていく。

〝行き当たりばったり〟の岸田官邸

岸田官邸の幹部に、「岸田官邸の弱点は何でしょうか」と単刀直入に聞いたことがある。官邸幹部は、少し気まずそうな苦い表情を浮かべつつ、即答した。

「一番の弱点は、秘書官だろうね」

これは意外な答えだった。岸田政権では、菅政権の時の反省を基に、総理を支える秘書官に次官経験者や各省の局長級を起用していたからだ。

「でも、各省のエース級を持ってきていますよね」

「そう。でも、それが効かなかった。矩《のり》を超えないんだよ。役所の縦割りの矩を超えない」

矩を超える、とはその人の分や立場を超えて、行動することであり、官邸幹部は、秘書官たちが所属する役所の立場を超えた仕事をしていないことを嘆いたのだ。

こうした〝弱点〟は、官邸における意思決定にも大きく影響した。問題が露呈したのが、国会運営をめぐる混乱だ。22年9月28日、国会内で立憲民主党の安住淳国対委員長が、眼光鋭くカメラを睨み付けた。

「来週3日に臨時国会を開くことになっているが、会期の幅、法案、審議について、これまで戦後一貫して1週間前には与党の国対委員長から野党に説明があるのが慣例だったが、全くそれがない。5日後に国会召集を控えているのに、未だに一切こちらに話がない。極めて異例なことであり、国会のあり方を問わないといけないような与党の怠慢だ」

臨時国会の直前となっても、国会の会期の幅を与党側が示すことができなかったのだ。安住の言う通り、前代未聞の事態だった。本来、官邸は、国会でいつどのような予算案や法案を成立させていくか、事前に綿密に戦略を練り、様々な想定の下にスケジュールを組み立てていくのが当然のことだった。それが解散や選挙、人事、外交、再選戦略など、政権が先に見据えるすべての政治日程の前提となり、国会運営こそが政権の命運を握るといっても過言ではなかった。安倍政権においては、秘書官の今井が先々のカレンダーと緻密なシナリオを練り上げた上で、菅が国対委員長の森山裕と毎日電話で緊密に連絡を取り合い、情報を交換し、政治日程を狂わせないための国会運営を慎重に、時に強引に進めていった。しかし、岸田官邸では、秘書官も官房長官も、こうした戦略的思考ばかりか、当事者意識すら明らかに欠けていた。政治スケジュールを組み立てる司令塔が不在という、驚くべき〝行き当たりばったり〟の官邸の正体が浮き彫りになったのだ。

サプライズ決断の演出

一方で、22年夏以降、岸田への評価は一変する。それまで「決断が遅い」「岸田はなんでも『検討する』ばかりだ」と批判していた人々が、今度は「決断が拙速すぎる」、「議論が足りない」と口を揃えて反発することとなったのだ。

発端は、22年7月に凶弾に倒れた安倍元首相の国葬をめぐる判断だった。銃撃事件から6日後、岸田は官邸で記者会見を開き、「国葬儀」の形式での葬儀を発表した。与党との事前調整もない、サプライズだった。

そして、この秋以降、岸田は驚くべき決断力を見せ始める。11月8日、報道陣の前に現れた岸田は、突如、旧統一教会の被害者の救済を図るための法案を臨時国会の会期中に提出する方針を示す。それまでの慎重姿勢を覆し、野党の意見を取り入れる異例の修正を重ね、首相主導で法案はわずか1カ月あまりで成立にこぎ着けた。さらに、それまで数値目標ありきの防衛費増額に否定的な姿勢を見せていた岸田だったが、11月28日、官邸に鈴木俊一財務相、浜田靖一防衛相を呼びつけると、防衛費を27年度にGDP比2％に増額するよう指示を行った。さらに、12月16日には、政府内で慎重論も残る中、反撃能力の保有など日本の安全保障政策を大転換させる安保関連3文書を閣議決定。その6日後の12月22日には、原子力発電所の建て替えや運転期間延長を盛り込んだ方針を決定し、原発政策の転換に舵を切る決断を下した。さらに、年が明けた1月4日、年頭会見に臨んだ岸田は、「異次元の少子化対策に挑戦する」と突如、表明。怒濤のサプライズ決断の連続だった。もはや〝検討使〟という揶揄が口の端に上ることもなくなっていた。

実は、こうしたサプライズは、意図的に行われているものでもあった。官邸幹部が、その狙いを明らかにした。

「岸田総理は、どうしても地味で埋没しがちだから、普通のプロセスで何かを決めると、本当は総理が決めたことでも、今の自民党は『俺が決めた。俺が総理をひっくり返した』と手柄を取ろうとする。だから、数カ月に一度は、ドンとサプライズをやらないといけないと心がけている」

こうしたリーダーシップの演出に腐心していたのが、最側近の木原誠二だった。その原点は、あの〝二階切り〟にあった。岸田官邸をよく知る幹部官僚は指摘する。

「岸田さんは、総裁選で二階幹事長を事実上、辞めさせる『二階切り』を表明したことで『岸田は変わった』と印象づけた。あれが岸田総理と木原の成功体験だった。その後、解散の時期を想定より早めたり、国葬を決めたり、内閣改造をお盆の時期にやったり、サプライズで決めていった。電光石火の決断こそが、岸田さんと木原の〝勝利の方程式〟だった。普段はぼーっとしていて、自己演出もうまくなく、政策もオーソドックスな岸田さんが、果断に決めるという演出を意識的にやっているのだろう」

このサプライズ決断こそが、政権後半の岸田の求心力の源泉になっていく。22年8月10日に内閣改造・自民党役員人事を突如、断行したことは、1カ月先の人事を想定していた自民党幹部を、慌てふためかせた。23年6月の通常国会会期末には岸田が解散に踏み切るかどうかギリギリまで誰にも明かさず、自民党幹部や閣僚ですら最後の最後まで疑心暗鬼にさせた。「大事なことは、必ず最後は一人で決める」という岸田流のやり方は、「岸田は何をやるかわからない」という緊張感を呼び、結果として岸田の求心力に繋がっていったのだ。

菅の〝岸田おろし〟

ただ、こうしたサプライズ手法は、大きな問題を孕んでいた。調整の不十分さゆえの危うさだ。事前に調整をしないことこそがサプライズの本質であるから、調整が足りないのは当然なのだが、国家の重大事を、極めて少人数で根回しなく決めてしまうことで、結果的に大きな混乱を招くことが相次いだ。創価学会幹部は、国葬についても、原発政策の転換についても、「事前に公明党に対して相談もなかった。この政権は大事なことほど相談しない」と不快感をあらわにした。

国葬について野党から追及を受けた岸田は、決断の2カ月後、「説明が不十分であったことについては謙虚に受け止める」と認めざるを得ないところにまで追い込まれた。

また、防衛費をめぐるトップダウンの決定も混迷を招いた。岸田は特に「防衛費を将来世代に負担させるわけにはいかない」と増税に強くこだわった。しかし、閣内からも「このタイミングでの増税には慎重になるべきだ」と反対の声が上がり、調整不足を露呈した。

岸田側近は、総理のトップダウンを演出したことで、逆に批判の矛先が総理に向かったと振り返った。確かに、15年に軽減税率の対象をめぐって自民党、公明党、官邸と財務省を巻き込んで、議論が激しく紛糾した際ですら、安倍は最後まで自分の意見を表で言うことはなかった。公明党の意見を尊重した菅官房長官と、財務省の主張を重視した谷垣禎一幹事長が激突し、最終的にタイムリミットが迫った段階で、ようやく安倍は裁定に乗り出した。だから、自民党内で「公明党に気を遣いすぎだ」と菅を批判する者は多かったが、その矛先が安倍に向かうことはなかった。

そして、22年末に発覚した派閥の政治資金パーティーをめぐる〝裏金問題〟でも、岸田は自ら舞台の最前列に身を置いていく。世論や野党の批判が噴き上がる中、政権幹部は誰一人、問題の収拾に乗り出そうとしなかった。こうした中、岸田は24年1月、自らの派閥の解散を発表。後ろ盾となっていた麻生・茂木にすら事前に根回しせず、「三頭体制」に亀裂が入った。翌2月には、安倍派幹部らが公開での出席を拒む中、現役の首相として初めて衆院政治倫理審査会に出席することを決断した。自らの政権を守るための〝捨て身〟の策だった。しかし、これは結果的に、「政治とカネ」問題への世論の批判、そして処分をめぐる自民党内の不満を、岸田の一身に向かわせる諸刃の刃となった。

〝岸田おろし〟の引き金を引いたのは、菅だった。24年6月、オンライン番組に出演した菅は、こう糾弾した。

「このままでは政権交代してしまうと危機感を持っている人が、どんどん増えている。岸田総理大臣自身が責任を取っておらず、不信感を持つ国民は多い」

この3年間、岸田の政権運営に対して、一貫して不満を抱えながら、直接的な批判に及ぶことを控えてきたのは菅の流儀だった。安倍の突然の死後、精彩を欠き、体調不安説が流れることすらあった。しかし、あの崖っ縁に立っていた自らに対し、「政治の根幹である国民の信頼が崩れている」と指弾し、奈落の底まで突き落とした岸田の言葉が、立場が逆転した菅の脳裏には甦ったのだろう。その言葉には積年の思いが込められていた。

岸田の孤独

岸田は、24年9月の自民党総裁選への不出馬を決断した。実は、多くの関係者が「あの時に違う判断をしていれば」と口を揃える大きな岐路があった。それが23年6月の衆院解散の判断だ。当時、永田町では、岸田が、5月のG7広島サミットの余勢を駆って、

6月の通常国会会期末に衆院解散に踏み切るのではとの観測が強まっていた。自民党内には、今でも「内閣支持率が高かった、あの時に解散していれば、自民党は勝利し、『政治とカネ』も乗り切ることができた」という怨嗟の声は根強い。しかし、それができない状況に陥っていたのだ。最大の原因は、連立与党・公明党との対立だった。

この年の3月28日に国会内で予算成立の挨拶回りを行っていた岸田が、公明党の山口代表が待ち受ける部屋を訪れる。大勢の報道陣に囲まれる中、岸田と固く握手を交わした山口は、カメラのフラッシュを浴びながら、笑顔で尋ねた。

「いよいよ統一地方選だ。解散じゃありませんよね」

その目は、まったく笑っていなかった。岸田が慌てて口ごもる。

「あ、いや、統一地方選挙です」

連立与党の党首が、首相に「解散の意思」を公然と質問するという、異様なやりとりだった。「岸田総理は解散すら、公明党に相談しないで決めかねない」というのが、公明・学会幹部の共通した本音であり、根深い不信感だった。

そして、その後、公明・創価学会にとって長年の悲願だった、「東京での2つ目の選挙区」をめぐり、自公の衝突は決定的となる。衆院の選挙区の区割りが変更される「10増10減」に伴い、公明党が要求したのは練馬区東部の東京28区だった。しかし、この調整をめぐって公明・創価学会側と自民党幹事長・茂木敏充、選対委員長・森山裕、都連会長・萩生田光一との交渉は迷走に迷走を重ねる。そして、5月25日、公明党の石井啓一幹事長は、報道陣のカメラの前で、手元の紙に時折、目を落としながら、顔を強張らせた。

「自公の信頼関係は地に墜ちたといえる。従って、東京における自公間の協力関係は解消する」

自公連立政権が発足してから24年、紆余曲折を経ながら、共に多くの苦難を乗り越えてきた連立与党が、最大の危機を迎えたのだ。創価学会幹部は、怒りを押し殺した。

「こんなことは、安倍政権や菅政権では絶対に起きなかった」

なぜ、自公が〝決裂〟するまで、誰も止めることができなかったのか。官邸幹部は、弱々しく呟いた。

「自民党幹部の主戦論が強くて、身動きできなかった」

茂木・森山・萩生田が揃って、公明党に対する強硬論に走る中、官邸の〝チーム岸田〟は為すすべもなかった。

6月15日夕方、岸田は、記者団に対し、解散を見送る考えを示した。

「今国会での解散は考えておりません」

猛烈な解散風が吹き荒れる中、岸田は通常国会会期中の解散という選択肢をなげうった。ウクライナへの電撃訪問と広島サミットの成功で急上昇した内閣支持率に、自民党内からも「今が一番のチャンス」という声が強まっていた。岸田も直前の会見で、解散に関する言いぶりを変えるなど、〝伝家の宝刀〟をギリギリまで抜こうとする姿勢を見せ続けた。しかし、最後の最後まで一人で悩み抜いた岸田は、解散を断念せざるを得なかった。その理由は、岸田自身にしか分からないが、公明党との関係悪化がブレーキをかける最大の要因になったことは想像に難くない。創価学会関係者は、「ここで解散をすれば自公連立は終わりだ」とまで語っていた。そして、その声は確実に岸田の耳に届いていた。自公関係に決定的な亀裂が走ったことが、結果として総理の解散戦略を狂わせることとなった。

自民党との交渉に長年、関与してきた公明党関係者は、岸田政権と安倍政権との違いを痛感したという。

「岸田さんは、人に恵まれないね。安倍さんの時は、菅さんが泥をかぶって、公明党のことを清濁併せのんでやっていたけど、そういう人が一切いないから。岸田さんだって、『ここは連立が大事だ』と大きな決断をすれば良かった。もちろん、総理だから党に任せるのは仕方ない。でも、任された党幹部は、それぞれが『岸田政権がつまずいても構わない』と思っているから、公明が激怒するような案を出してくるんだよ」

背景にあったのは岸田の党内基盤の弱さだ。最大派閥の清和会出身だった安倍と違い、岸田の宏池会は党内第4派閥に過ぎなかった。自民党内の舵取りは岸田・麻生・茂木の

「三頭政治」が担い、岸田は「官邸一強」の是正と「政高党高」の実現を謳い、常に党内への気遣いが欠かせなかった。しかし、公明党との交渉を担った自民党幹部たちは、いずれも岸田に対し強い忠誠心を持たず、常に政権後をも見据えていた。だからこそ、面子やプライド、意地といった感情が、交渉の中で前面に表出する事態となった。公明党との全面戦争は、岸田政権の中長期的な戦略にとって、果たしてプラスになるのか。そこまで考え抜いた上での、交渉だったのか。結果として、岸田政権を身を挺して守ろうとする〝汚れ役〟はいなかった。岸田もまた、宰相としての孤独に苦しみ、悶えていたのだ。

少数与党への陥落と「一強政治」の終焉

24年9月、過去最多となる9人の候補者が乱立した自民党総裁選に勝利したのは石破茂だった。「党内野党」として長く非主流派に追いやられていた石破の〝最後の戦い〟を、決選投票の土壇場でそろって応援にまわったのは、皮肉にも菅と岸田だった。菅にとって石破は、自身の政権で、最後の最後の局面まで菅を支持する姿勢を見せてくれていた唯一ともいえる有力者であり、その恩を忘れていなかった。岸田は、旧岸田派の議員たちに、決選投票では保守色が強い高市早苗ではなく、石破に入れるよう呼びかけた。

5度目の挑戦にして、総理の座に上り詰めた石破だったが、翌月の衆院選では、吹き荒ぶ逆風の風向きを変えられず、自公は過半数割れの大敗を喫する。少数与党下では、野党の協力を得なければ一本の予算案も法案も通すことすらできない状態に陥ったのだ。「安倍政治」のアンチテーゼを示したい石破からすれば、丁寧な対話路線は望むところでもあったが、存在感をいかに示すか国民へのアピールを競う各野党は、お構いなしに〝高いボール〟を投げ続けてくる。長く非主流派にいた結果、党内だけでなく霞が関にも石破を支える体制はできておらず、党内外での調整・交渉役を担う森山幹事長頼みが目立っている。衆院選期間中の終盤で発覚した非公認支部への2000万円支給問題は、与党の惨敗を決定的にし、森山の責任を問う声も上がったが、石破は森山を庇った。内閣の要であるはずの官房長官には、岸田政権の林芳正官房長官をそのまま留任させたが、安倍・菅が誇った信頼関係とは比べるべくもない。ただ、この難局に、〝ポスト石破〟として、火中の栗を拾おうという人物は皆無であり、政権は静かな安定を続けている。

安倍政権時代に、連日、紙面に躍っていた「官邸官僚」、「一強政権」、「忖度」といった常套句は、もはや死語となった。安倍政権は分かりやすい政権だった。誰が安倍と同じ景色を見ているか、一目瞭然だった。そして、鉄の結束を誇った〝チーム安倍〟は、目的を達成するためには、手段をも選ばなかった。本来、身内であるはずの与党や官僚組織が、意思決定プロセスから外され、結論ありきの指示だけがトップダウンで降ろされる。その意図は明白だった。自民党も霞が関も信用しない。回顧録を読めば、いかに安倍が財務省をはじめとする役所を信用していなかったかに驚かされるだろう。だから、彼らに手の内を明かすわけにいかなかったし、常に進め方が強引にならざるを得なかった。そして、少しでも隙を見せれば「倒閣運動」が起きるとの警戒心があるため、決して自らの誤りを認めることができなかった。認めればつけ込まれる。そのために強弁を続ける必要があった。その過程で、時に真実が覆い隠され、糊塗されていった。こうした意思決定を貫いた安倍官邸が生んだのが、「総理の意向」を背に動く強力な官邸官僚と、指示待ちに慣れきった思考停止と忖度がはびこる霞が関だった。しかし、形を変えつつも受け継がれてきた、こうした「一強官邸」という安倍政治のレガシーは完全に潰えたのだ。

では、石破政権以降の政治は、何を生み出すのだろうか。衆院選では、「手取りを増やす」とYouTubeを中心に訴え続けた国民民主党が躍進を遂げた。都知事選では、SNSを駆使した石丸伸二が2位に食い込み、兵庫県知事選では劣勢とみられていた斎藤元彦を後押しするSNSの運動が広がりを見せ、再選の原動力となった。今後も、SNSが政治を動かす、この新しい流れは変わらないだろう。既存政党も乗り遅れまいと、SNS受けを狙った戦略を強化するはずだ。これによって、これまで政治に関心がなかった若者が、投票所に足を運び、政策実現へと声を上げていく機会に繋がるのであれば、歓迎すべきことである。

一方で、SNS選挙は、ポピュリズムを容易に増幅させるリスクも抱える。短く編集された「切り抜き動画」でいかに強いインパクトを与え、国民の歓心を買うか。政治家が発する言葉は、必然的に有権者の聞き心地の良さを競うものとなるからだ。教育無償化、壁の引き上げ、低所得者支援、消費減税……現実に、いま起きているのは〝言ったもの勝ち〟がまかり通る、財源の議論なきバラマキ合戦だ。特に少数与党下では、野党がSNSで焚きつけてきた、聞こえの良い政策をどこかで呑み込まなければ、早晩、政権運営に行き詰まることになる。すでに、無責任な大衆迎合に歯止めが利かない事態が起きつつある。有権者の耳に痛い負担増を伴う改革など到底できない、「今さえ良ければいい」という近視眼的な政治が横行する危機にあるのだ。

こうした時代だからこそ、国民に一層、求められるのは政治を見極める目だろう。そして、ここにジャーナリズムが果たすべき役割があると考える。本書が詳らかにしたのは、権力者たちのありのままの姿だ。政治家というのは、「見たいものしか見ない」、「見せたいものしか見せない」、ある種、特殊な習性を持つ人種である。失敗を失敗と認めようとせず、醜い権力争いや許しがたい裏切りさえも、開き直りと思い込みで、虚飾に満ちた〝美談〟のストーリーに修正し、新しい〝真実〟を作り上げていく。しかし、その懐の中には、生々しいばかりの感情が溢れている。目を覆いたくなるほどの権力欲や、表には見せられない嫉妬。そして誰もが羨望する権力の中枢においてさえ、人知れず、身もだえするほどの葛藤や苦悩を抱えているのが、政治家の実像なのだ。

読売新聞主筆だった故渡辺恒雄は、かつてNHKのインタビューでこう語った。

「僕の経験からすると、生臭い人情、いろんな意味で人情が政治・外交を動かしている。新聞記者はそこまで入らないと分からない。取材する人があまり近づいてはいけないと馬鹿なことをいう人がいるが、近寄らなきゃネタはとれない」

見たい情報だけが目の前に現れる、便利さと危険さが隣り合わせのアルゴリズムを備えるSNSは、寛容さとは正反対の過激な排斥主義や社会の分極化に拍車をかけようとしている。しかし、政治の本質は「白か黒か」で単純に割り切ろうとするSNSの世界の表層には存在し得ない。だからこそ、我々、記者は、政治家の懐に奥深く入っていかなければならない。何が本物で、何が偽物か。その本質をえぐり出すことこそが、我々の使命だからだ。

2025年2月25日

柳沢高志

文春文庫

菅《すが》と安《あ》倍《べ》
官邸一強《かんていいっきょう》支配《しはい》はなぜ崩壊《ほうかい》したのか

定価はカバーに表示してあります

2025年4月10日　第1刷

著　者　柳沢《やなぎさわ》高志《たかし》

発行者　大沼貴之
発行所　株式会社　文藝春秋

東京都千代田区紀尾井町 3-23　〒102-8008
TEL　03・3265・1211㈹
文藝春秋ホームページ　https://www.bunshun.co.jp

落丁、乱丁本は、お手数ですが小社製作部宛お送り下さい。送料小社負担でお取替致します。

印刷製本・大日本印刷

Printed in Japan
ISBN978-4-16-792357-0